# ANATOMÍA DEL MAL

# ANATOMÍA DEL MAL

## 8 CRÍMENES QUE TE HARÁN PERDER LA FE EN LA HUMANIDAD

Jordi Wild

Papel certificado por el Forest Stewardship Council®

Primera edición: marzo de 2024
Cuarta reimpresión: septiembre de 2025

© 2024, Jordi Wild
© 2024, Sergio Parra, por la colaboración en los textos
© 2024, Penguin Random House Grupo Editorial, S. A. U.
Travessera de Gràcia, 47-49. 08021 Barcelona

Penguin Random House Grupo Editorial apoya la protección de la propiedad intelectual. La propiedad intelectual estimula la creatividad, defiende la diversidad en el ámbito de las ideas y el conocimiento, promueve la libre expresión y favorece una cultura viva. Gracias por comprar una edición autorizada de este libro y por respetar las leyes de propiedad intelectual al no reproducir ni distribuir ninguna parte de esta obra por ningún medio sin permiso. Al hacerlo está respaldando a los autores y permitiendo que PRHGE continúe publicando libros para todos los lectores. Ninguna parte de este libro puede ser utilizada o reproducida con el propósito de entrenar tecnologías o sistemas de inteligencia artificial. PRHGE se reserva expresamente la reproducción, la extracción y el uso de esta obra y de cualquiera de sus elementos para fines de minería de textos y datos y el uso a medios de lectura mecánica u otros medios que resulten adecuados (art. 67.3 del Real Decreto Ley 24/2021). Diríjase a CEDRO (Centro Español de Derechos Reprográficos, http://www.cedro.org) si necesita reproducir algún fragmento de esta obra.
En caso de necesidad, contacte con: seguridadproductos@penguinrandomhouse.com

*Printed in Spain* – Impreso en España

ISBN: 978-84-666-7163-7
Depósito legal: B-650-2024

Compuesto en M. I. Maquetación, S. L.
Impreso en Índice, S. L.
Barcelona

BS 7 1 6 3 A

*Para mis padres, mi gente y mis amigos*
*que son mi familia*

# ÍNDICE

# INTRODUCCIÓN

En los recovecos más oscuros de nuestra mente, allí donde la luz de la razón apenas logra penetrar, se oculta un concepto tan antiguo como el ser humano: el mal. En este libro, nos embarcaremos en un viaje inquietante a través de ocho casos de asesinato, a cuál más terrible, como si se tratara de imágenes distorsionadas en el espejo de la racionalidad. Estas historias no son solo testimonios de horror y desgracia, son también exploraciones que descienden en busca de lo maligno que acaso habita dentro de todas las personas.

A lo largo de mi vida, he observado con asombro y consternación a esos seres que caminan y hablan como yo y que han cometido actos de una crueldad inimaginable. ¿Cómo es posible que personas dotadas de razón y sentimientos puedan infligir tanto daño? Esta pregunta no solo perturba mi sueño, sino que se ha convertido en el motor de una búsqueda incansable de respuestas.

La maldad, ese concepto escurridizo y versátil, parece manifestarse con una facilidad desconcertante. Desde quienes actúan al dictado de una mente trastornada, hasta quienes convierten la violencia en una práctica más de lo cotidiano, el mal se revela en muchas formas, desafiando cualquier intento simple de definición o entendimiento. Pero ¿es realmente el mal una entidad tangible o es solo un constructo humano, una etiqueta que ponemos para dar sentido al caos de nuestra existencia?

En la exploración de esta serie de casos escalofriantes, he encontrado desde padres que dañan a sus hijos hasta asesinos despiadados que carecen de toda empatía. Cada historia es un puzle complejo en el que intervienen diversas piezas, como el trastorno mental, la traición a la moralidad o la pura maldad, que se combinan de múltiples formas y desafían cualquier explicación racional.

En este libro, también propongo una reflexión sobre la fragilidad de nuestra psique. La mente humana es un lienzo delicado, susceptible de ser rasgado por las garras de la enfermedad mental. ¿Dónde termina la enfermedad y comienza el mal? ¿Es acaso la maldad una enfermedad en sí misma, un síntoma de algo más profundo y perturbador en nuestra naturaleza?

A medida que desgrano estos casos de asesinato, me veo forzado a cuestionar la propia esencia del mal. Esta exploración no es solo un viaje a través de la oscuridad del alma humana, sino también una indagación en nuestra historia, nuestra cultura y nuestra psicología. En definitiva, cabe preguntarse: ¿es el mal una realidad objetiva o un concepto subjetivo, moldeado por nuestras creencias, nuestra cultura, nuestra biología?

Al reflexionar sobre estos crímenes, no puedo evitar pensar en la dualidad que reside en cada uno de nosotros. Es fácil etiquetar a los criminales como «monstruos», seres anómalos respecto a nuestra especie, radicalmente diferentes. Pero ¿es esto realmente así? ¿O acaso todos llevamos dentro una semilla de maldad que, bajo ciertas circunstancias, podría germinar y crecer?

Esta idea me lleva a plantear otra duda: ¿cuáles son los límites de la moralidad? La ética, ese código invisible que rige nuestras acciones, parece tambalearse cuando se enfrenta a la realidad del mal. En la historia de la humanidad, los actos más atroces a menudo han sido justificados bajo la bandera de causas supuestamente nobles. ¿Qué nos dice esto sobre la naturaleza del mal? ¿Es solo una cuestión de perspectiva?

Afronto esta indagación con una mezcla de fascinación y repulsión. Cada caso que analizo en este libro se convierte en un recordatorio de que el mal no es un mero concepto abstracto. Es real, tangible y, a menudo y por muy inexplicable que parezca, humano. En estas páginas, no busco glorificar unas atrocidades criminales, sino que intento adentrarme en su comprensión. Es un camino lleno de sombras, pero necesario para iluminar los rincones más oscuros de nuestra existencia.

El mal, como concepto, ha evolucionado a lo largo del tiempo. En la Antigüedad, era atribuido a fuerzas sobrenaturales, demonios y deidades enojadas. Con el avance de la ciencia y la psicología, comenzamos a buscar explicaciones más terrenales, en la química del cerebro, en los traumas no resueltos, en la deformación de la moral. ¿Pero acaso estas explicaciones nos llevan realmente a comprender la naturaleza del mal? ¿O solo nos ofrecen un consuelo, una forma de ordenar el caos?

En esa búsqueda de respuestas, también me encuentro con la cuestión de la responsabilidad. Si el mal es una construcción humana, ¿quién es el responsable? ¿El individuo que comete el acto, la sociedad que lo moldea o ambos? Estas preguntas me sitúan en un territorio incómodo, donde las respuestas aparentemente claras se disuelven en un mar de complejidad.

A medida que he ido profundizando en los casos de asesinato que recojo en este libro, me he dado cuenta de que el mal no es solo un tema de estudio, sino una realidad con la que todos debemos lidiar. Desde los actos de crueldad por acoso en la escuela hasta las atrocidades en los campos de batalla, el mal se manifiesta a todas las escalas. Y, aunque podemos intentar comprenderlo, quizá nunca lleguemos a saber cuál es su verdadera naturaleza.

Esta reflexión me lleva de modo inevitable a cuestionar el papel de la justicia y el castigo. En un mundo donde el mal se presenta de tantas formas, ¿cómo puede la justicia ser verdaderamente ecuánime? Cada caso de los que analizo plantea su propio dilema moral: ¿Cómo castigar con equidad a alguien que ha cometido actos inhumanos? ¿Es posible encontrar un equilibrio entre la compasión y la retribución, entre el entendimiento y el castigo?

Exploro aquí también la idea de la redención. Si el mal es una parte de nosotros, ¿significa esto que quienes han sucumbido a su fuerza de atracción están más allá de la salvación? Estos casos de asesinato no solo son relatos de horror, sino también, a veces, de arrepentimiento y cambio. En algunas ocasiones, los perpetradores muestran un remordimiento genuino, lo que me lleva a preguntar si la capacidad para el mal puede ser igualada por una capacidad para el bien.

Mientras navego por estas aguas turbulentas, no puedo evitar sentir cierta compasión, incluso por quienes han cometido actos terribles. Esta compasión no nace de una tolerancia hacia sus crímenes, sino del reconocimiento de su humanidad compartida. Aceptar que el mal puede residir en cualquier persona es perturbador, pero también es un recordatorio de nuestra vulnerabilidad común.

Al reflexionar sobre el mal como una construcción humana, me doy cuenta de que su existencia depende de nuestra propia percepción. Sin embargo, esto no lo hace menos real. El daño causado por actos malvados es tangible y profundo, y sus efectos pueden perdurar durante generaciones. Al etiquetar algo como «malo», nos estamos dando a nosotros mismos, como sociedad, una guía de lo que es inaceptable, una forma de protegernos y avanzar hacia un mundo más justo y compasivo.

Mi fascinación por los aspectos más sombríos de la psique no es reciente. Como creador de contenido en un canal de YouTube, he pasado años sumergiéndome en las profundidades de la psicopatía, analizando los actos de asesinos y desentrañando crímenes que desafían toda lógica. Esta travesía no ha sido solo un ejercicio de narración, sino también un encuentro íntimo con la oscuridad que habita en el alma humana.

Cada historia, cada caso que he explorado en mi canal, ha sido un recordatorio de los abismos que se ocultan detrás de rostros aparentemente normales. Con cada vídeo, con cada análisis, he sentido una mezcla compleja de interés y temor. Esta dualidad, esta atracción y repulsión hacia el mal es el hilo conductor que me ha llevado a escribir este libro.

En mi exploración, indago tanto en los actos de maldad como en nuestra fascinación colectiva hacia ella. ¿Por qué nos atraen estas historias de horror y violencia? ¿Qué dice sobre nosotros el hecho de que nos sintamos cautivados por relatos de psicopatía y crímenes atroces? Esta atracción, en mi opinión, es un reflejo de nuestra lucha por comprender lo incomprensible, por encontrar algo con sentido en el caos de la maldad.

Al mismo tiempo, este viaje me ha hecho confrontar el asco y el temor que tales actos provocan. Es un recordatorio constante de que, aunque tratemos de entender el mal, no debemos subestimar su poder para perturbar y destruir. Esta tensión entre la curiosidad y el miedo es parte de lo que me ha impulsado a profundizar más en el tema, buscando respuestas en la psicología, la historia y la filosofía.

Este libro se estructura en ocho capítulos, cada uno de los cuales está centrado en un caso criminal que he seleccionado cuidadosamente y que representa un tipo de maldad:

- La misoginia patológica de la masacre de Isla Vista, una de las consecuencias más malsanas de la cultura *incel* que tuvo lugar en California.
- El acto de crueldad colectiva extrema del que se considera «el peor crimen perpetrado contra un individuo en la historia de Indiana», una de las torturas más largas, persistentes y despiadadas que he conocido en mi vida.

- El que quizá sea el acto de maldad infantil más perturbador del siglo XX, que convirtió a sus perpetradores en los condenados más jóvenes de la historia de Reino Unido.
- Las escalofriantes vivencias de trece hermanos que permanecieron confinados y en condiciones infrahumanas en una casa de California, por muchos conocida como «La casa de los horrores», y que constituye uno de los peores casos de violencia intrafamiliar.
- Un ejemplo claro de que el ego y el deseo de notoriedad pueden conducir a las personas, en este caso, a dos jóvenes ucranianos, a grabar sus asesinatos y torturas.
- Cómo la cultura japonesa, con sus claroscuros, es capaz de empujar a jóvenes inadaptados hasta el límite y originar el peor acto de delincuencia callejera de Tokio de las últimas tres décadas.
- Un extraño incidente de lucha de clases que tuvo lugar hace casi un siglo en Francia, cuando las sirvientas de una casa se rebelaron contra su señora y se convirtieron en bestias salvajes.
- Y, finalmente, un caso español, el de dos adolescentes que acaban abducidas por los ritos satánicos y la cultura gótica hasta el punto de asestar treinta y dos puñaladas a una compañera de clase.

No son historias para tomar a la ligera, son relatos intensos que harán reflexionar sobre la esencia humana. Se trata de ejemplos reales de cómo el mal puede presentarse de formas inesperadas y a veces aterradoras. Cada capítulo comienza con la narración de los hechos tal y como sucedieron. Sin rodeos, presento la realidad exenta de adornos y edulcorantes. Luego, expongo las consecuencias de estos actos horrendos, mostrando el impacto real y duradero que tuvieron en sus protagonistas. Y, finalmente, analizo cada caso desde una perspectiva psicológica y sociológica, tratando de desentrañar las motivaciones y circunstancias que condujeron a materializar cada acto de maldad.

Esta estructura no es solo un medio para organizar el contenido del libro, sino una forma de profundizar en la comprensión del mal. Al dividir cada caso en estas tres secciones, busco ofrecer una visión completa y multifacética, no solo centrada en el qué y el cómo, sino también en el porqué. A través de este enfoque, espero que el lector pueda acompañarme en el intento de comprender lo incomprensible, de encontrar algún sentido en lo que, a menudo, parece carecer de él por completo.

Al concluir esta introducción, no obstante, sigo haciéndome preguntas. El mal es un enigma que se resiste a una solución simple. Con este libro, espero no solo iluminar los aspectos más oscuros del alma humana, sino también ofrecer una ventana a nuestra capacidad para seguir el camino del entendimiento y la compasión.

Porque, en última instancia, la batalla contra el mal no es solo una lucha contra actos atroces, sino una lucha por nuestra propia humanidad.

# 1

# LAS HERMANAS PAPIN (Francia, 1933)

## LUCHA DE CLASES

*Christine y Léa Papin, dos hermanas que habían entrado a trabajar como sirvientas en una casa en Le Mans, Francia, asesinaron y mutilaron brutalmente a su empleadora y a la hija de esta en un acto de ensañamiento.*

El acto criminal tuvo lugar la noche del 2 de febrero de 1933, en la casa de la familia Lancelin, situada en el número 6 de la rue Bruyère, en la ciudad de Le Mans.

Aunque Le Mans no era tan cosmopolita o famosa como París, contaba con una rica historia y una identidad cultural distintiva. En ese período, la ciudad era ya conocida por su importante papel en la industria automovilística y, en especial, por las 24 Horas de Le Mans, una carrera de resistencia que se celebra cada año desde 1923.

Le Mans está ubicada en el punto donde confluyen las regiones de Loira, Normandía y Bretaña, es un importante nudo ferroviario para las líneas que parten hacia el oeste desde la estación de Montparnasse y un centro muy relevante de la industria alimentaria, además de ser una importante ciudad universitaria. Su población casi se ha duplicado desde los tiempos de las hermanas Papin, cuando se concentraba mucho más en torno al antiguo centro de la ciudad, donde destacan la catedral de Saint-Julien y Le Vieux Mans, un puñado de calles medievales irregulares de casas de madera que todavía atraen a los turistas.

La rue Bruyère está a poca distancia del antiguo centro, una calle sin particularidades destacables y con casas adosadas burguesas. El número 6 era, en 1933, propiedad de René Lancelin, un abogado jubilado que vivía allí con su esposa y su hija Geneviève. Contaban con una casa bastante amplia, habían empleado, desde 1927, a las dos hermanas Papin como criadas internas y llevaban una vida tranquila entre compras, cenas y partidas de cartas.

Monsieur Lancelin había pasado una parte de la tarde del 2 de febrero jugando al *bridge* con unos amigos y regresó a casa alrededor de las seis y media, esperando encontrar a su esposa e hija preparadas para acompañarlo a cenar con su cuñado. Sin embargo, se sorprendió al ver la puerta principal cerrada con cerrojo y no obtener respuesta a sus timbrazos.

Preocupado, decidió ir a la comisaría. Tres policías (dos de ellos con los nombres de Ragot y Vérité, respectivamente) lograron entrar en la casa escalando por la pared hasta colarse por una ventana trasera.

Lo que allí vieron solo podía describirse como «macabro».

En el rellano, yacían los cuerpos de dos mujeres mutiladas. También había esparcidos por diferentes lugares los globos oculares que les habían sido arrancados.

Los horrorizados policías se dirigieron entonces al piso superior, donde, sin duda, esperaban encontrar a Christine y Léa, las hermanas Papin, también muertas. Se llamó a un cerrajero y se forzó la puerta de la habitación de las criadas.

No pudieron creer lo que allí vieron, y menos aún, lo que escucharon.

## EL ORFANATO

La historia de las hermanas Papin está marcada por una serie de eventos desafortunados y una infancia turbulenta, que muchos señalan como el caldo de cultivo para el trágico desenlace que marcaría sus vidas. Nacidas en una época y un entorno en los que la clase obrera se enfrentaba a duras condiciones de vida y el estigma social era una carga pesada, las hermanas crecieron en un hogar donde la estabilidad emocional era una rareza.

La relación de sus padres, Clémence Derré y Gustave Papin, estuvo desde el principio teñida por el conflicto. Clémence, siendo trabajadora doméstica, tenía un estatus social vulnerable y, junto con los rumores de que mantenía una relación extramatrimonial con su empleador, aportaba una tensión constante a la dinámica familiar. La decisión de casarse con Gustave podría haber estado motivada por la necesidad de legitimar su embarazo, en una sociedad que condenaba severamente tales hechos por considerarlos transgresiones morales.

El nacimiento de Emilia en estas circunstancias no ofreció un respiro a la familia. Las acusaciones de infidelidad por parte de Gustave sugieren una falta total de confianza y afecto entre los cónyuges. La decisión tomada por él de mudarse a otra ciudad puede interpretarse como un intento de cortar los lazos con el pasado y empezar de nuevo, o quizá como una medida para alejar a Clémence de la tentación del adulterio y la mirada inquisitiva de la sociedad.

Sin embargo, la negativa de Clémence a abandonar Le Mans revela su posible dependencia emocional o económica hacia su empleador, o quizá una resistencia a ser desarraigada de su entorno conocido, a pesar de la difícil situación de su hogar. De hecho, ella misma afirmó que prefería el suicidio a la mudanza.

Gustave empezó a beber en exceso, acaso como una vía de escape de sus problemas matrimoniales y personales.

Y, poco después, llegó Christine, nacida el 8 de marzo de 1905. Debido a los problemas familiares, fue entregada enseguida a su tía paterna y a su marido. Aquella etapa de la vida de Christine, que duró unos siete años, fue un periodo de estabilidad y felicidad. Por otro lado, Léa, nacida el 15 de septiembre de 1911, fue entregada a su tía materna, con la cual permaneció hasta el fallecimiento de esta última.

Las vidas de las dos hermanas menores tomaron un giro dramático en 1912, cuando Emilia, su hermana mayor, fue enviada al orfanato Bon Pasteur bajo la acusación de que su padre, Gustave, había cometido abusos sexuales contra ella. No está claro si las acusaciones fueron el resultado de un hecho real o si se trataba de una invención, tal vez como estrategia de Clémence para alejar a la niña de Gustave o justificar así su propia separación o la disolución del matrimonio.

Sea como fuere, ser enviada a un orfanato era una medida común de la época para las familias que se enfrentaban a situaciones difíciles, ya fueran económicas, sociales o personales. En los casos de acusaciones de abusos, estos a menudo permanecían ocultos y raramente eran objeto de procedimientos legales. Las circunstancias de Emilia son un ejemplo de las prácticas sociales de la época, que a menudo priorizaban la reputación y la conveniencia por encima del bienestar emocional y psicológico de los niños.

El hecho de que, más tarde, las otras dos hermanas, Christine y Léa, también fueran enviadas al mismo orfanato sugiere una dinámica familiar en la que los niños eran vistos como una carga o un problema que debía ser gestionado de la forma más práctica, en lugar de ser protegidos y cuidados dentro de su propio entorno. Y es que, en aquella época, los orfanatos no solo servían como refugio para huérfanos, sino también como instituciones para el manejo de «problemas» familiares, donde los niños podían ser disciplinados y educados lejos de sus hogares, a menudo en un ambiente muy estricto y austero.

El orfanato Bon Pasteur era una institución dirigida por la Iglesia católica que ofrecía refugio y educación a niñas y jóvenes, muchas veces provenientes de ámbitos complicados o en situación de vulnerabilidad. La vida en Bon Pasteur solía ser rigurosa y disciplinada, con un fuerte énfasis en la formación religiosa y en la preparación para ocupaciones domésticas o manuales, que eran vistas como las más adecuadas para niñas en aquella situación social. Esta preparación tenía el objetivo explícito de hacer a las niñas empleables en trabajos serviles, perpetuando así la estructura de clases y el sistema patriarcal de la sociedad de la época.

De hecho, Clémence quiso que permanecieran allí hasta alcanzar los quince años, edad en la cual podrían empezar a trabajar como empleadas domésticas.

Emilia escogió la vida religiosa e ingresó en un convento en 1918, cortando así cualquier lazo con su pasado y su familia. Christine también expresó su deseo de tomar un camino similar. Sin embargo, este anhelo fue vetado por Clémence, quien, en lugar de eso, le buscó un trabajo como empleada doméstica, un papel que Christine asumió a regañadientes. A pesar de todo, ganó reconocimiento por su diligente actitud y sus destacadas habilidades en la cocina, aunque, en ocasiones, su comportamiento podía tornarse insubordinado.

Léa, por su parte, era vista como una figura tranquila e introvertida, y también obediente; en general, se la consideraba menos inteligente que su hermana Christine. Con todo, también desempeñaba con habilidad su trabajo.

A pesar de sus diferencias de carácter, las hermanas mostraban una clara preferencia por trabajar juntas y así lo hicieron en diversas casas burguesas de Le Mans. Esta hermandad constituía un refugio frente a la inestabilidad de su niñez y las complejidades de su entorno laboral. En aquella unión, encontraron un medio para navegar por la rigidez y las exigencias de la sociedad de su tiempo.

## LA CASA DE LOS LANCELIN

Aunque las criadas no recibían un salario alto, su alimentación y alojamiento, por muy modestos que fueran, estaban garantizados. Christine y Léa lograron acumular ahorros significativos, sobre todo, porque no tenían interés en ningún tipo de vida social o cultural fuera de su relación mutua. Los cafés, teatros, cines y bailes no les resultaban atractivos. Su único lujo eran las prendas de vestir, que adquirían, con toda probabilidad, para su mutua admiración. Ambas eran como espejos. No necesitaban a nadie más. Ni amigos, ni familiares, ni amantes. Se reflejaban la una en la otra.

Por ello, la condición que pusieron para entrar a trabajar en la casa de los Lancelin fue que las aceptaran a las dos.

Los Lancelin eran una familia compuesta por René, un abogado que había dejado su práctica profesional, su esposa Léonie y su hija Geneviève. La casa no solo era el lugar de residencia de la familia, sino que también reflejaba las costumbres y el estilo de vida de un estrato social que mantenía una distancia clara respecto a sus sirvientes. Así, entre las hermanas y sus empleadores, la comunicación verbal era prácticamente inexistente. La señora Lancelin impartía las órdenes domésticas necesarias, mientras que el señor Lancelin y Geneviève apenas dirigían la palabra a Christine y Lća.

En este contexto, las hermanas Papin desplegaron su diligencia y destreza en las tareas encomendadas, que abarcaban desde la limpieza y el mantenimiento de la higiene de la casa hasta la preparación de los alimentos y el cuidado de los detalles más mínimos de la vida cotidiana de la familia. Su labor era un testimonio silencioso de la meticulosidad y el orden que la sociedad de aquel tiempo esperaba de quienes estaban en su posición.

Christine, siendo la mayor y con más experiencia, es probable que llevara a cabo las labores más complejas y refinadas, como cocinar, donde podía mostrar sus habilidades culinarias. Por su parte, Léa, la hermana menor y menos experta, se ocuparía de tareas más sencillas y menos visibles, como lavar la ropa y mantener limpia la casa.

Las hermanas Papin, al igual que la mayoría de los empleados de su estrato, vivían en la misma casa donde trabajaban, lo que borraba los límites entre su vida laboral y personal. Lo habitual era que se les asignara un cuarto, que solía ser pequeño y menos confortable que el resto de la vivienda y servía tanto de dormitorio como de espacio privado.

No obstante, a pesar de la aparente normalidad que reinaba en la casa, bajo la superficie se gestaba una compleja red de relaciones personales y emocionales. En la Francia de los años treinta del siglo pasado, las condiciones de los trabajadores domésticos eran a menudo duras y no estaba regulado legalmente el trato que debían recibir, lo que permitía ciertos abusos. Además, el trato degradante que experimentaban ambas hermanas no hizo más que aumentar. Se dice que, en octubre de 1928, la señora Lancelin obligó a Léa a recoger un pedazo de papel que había dejado caer, no sin antes pellizcarle el brazo hasta hacerla sangrar.

Aun así, no todos los informes apuntan a un maltrato físico directo. La idea de que las hermanas pudieron haber sido víctimas de malos tratos proviene, en parte, de la brutalidad de su crimen, que llevó a muchos a especular que debió de haber sido motivado por un resentimiento acumulado ante un trato injusto. La investigación del crimen y los juicios posteriores no lograron esclarecer por completo si el maltrato era una característica constante en la vida de las Papin en casa de los Lancelin, aunque sí se consideró el ambiente opresivo y la posibilidad de un desequilibrio psicológico en las hermanas.

En cualquier caso, el detonante del crimen fue un apagón eléctrico.

## EL CRIMEN

Los detalles de los sucesos de esa noche son difusos. A pesar de que las hermanas no negaron su responsabilidad, existen diferencias relevantes entre sus testimonios acerca de cómo se desencadenaron los hechos.

La cadena de acontecimientos comenzó con una plancha de la casa que se había estropeado. Christine fue a repararla y el coste del arreglo se restó de los ya escasos sueldos de las hermanas.

Sin embargo, la plancha no estaba bien reparada.

Ese jueves, mientras la familia se encontraba fuera, Christine y Léa volvieron a usar la plancha, lo que provocó que saltaran los fusibles. La casa se quedó a oscuras.

Cuando la señora Lancelin regresó a casa y la informaron de lo sucedido, se enfureció. Incapaz de contener su ira ante el inoportuno fallo eléctrico, los reproches no tardaron en escalar hasta provocar una confrontación física que tendría lugar en el rellano del primer piso de la casa.

Christine, en un arrebato de furia, se lanzó sobre Geneviève con una ferocidad inaudita, despojándola de la visión al arrancarle los ojos con los dedos desnudos. La hija empezó a gritar como un animal herido. En mitad de aquel frenesí macabro, con los dedos llenos de sangre, Christine dio una orden a Léa: repetir la misma atrocidad con la señora Lancelin. Y así lo hizo. En el instante siguiente, sus dedos también lograron hundirse en las cuencas de los ojos de la señora hasta lograr expulsar sus globos oculares.

Pero aquello no fue suficiente. Christine, movida por un impulso sanguinario, descendió a la cocina. Armada con un cuchillo y un martillo, retornó para continuar la agresión junto a Léa. Usaron las herramientas sobre ambos cuerpos de una forma salvaje e insistente, como si quisieran destruirlos.

Una de las hermanas tomó una jarra de peltre, un objeto cotidiano que en sus manos se transformó en un instrumento de muerte, para golpear con inusitada saña las ya maltrechas cabezas de sus víctimas.

Los investigadores, al estudiar la escena, concluyeron que las hermanas Papin perpetraron aquel acto de violencia con una persistencia que se alargó durante más de una hora. Durante ese tiempo, se ensañaron con los cuerpos sin vida de una manera que parecía buscar algo, más allá de la muerte misma, quizá una especie de catarsis o expiación que solo ellas podían entender.

Poco después, el señor Lancelin regresaría a su hogar. Al hallar la residencia sumida en tinieblas, se le formó un nudo en la garganta. Se suponía que su mujer y su hija estarían en casa esperándole para salir a cenar. ¿Por qué tenían las luces apagadas? Intentó entrar, pero la puerta estaba cerrada por dentro. Temiéndose lo peor, pidió ayuda a un agente de policía.

El agente logró colarse por la ventana de la vivienda, tras escalar la pared. Su linterna iluminó una escena dantesca que jamás se le borraría de la memoria. Sobre el suelo yacían, dispersos como las piezas de un puzle macabro, restos de platos rotos, horquillas, botones y, entre ellos, un sombrero y un par de guantes que alguna vez tuvieron forma y función. Un paquete abierto mostraba su contenido de papel y jabón, mientras que flores secas parecían lamentar su suerte junto a un mantelito y un jarro que lucía abolladuras. En la mesa, dos panes genoveses y dos bollos.

Pero lo que más le horrorizó fueron los cuerpos sin vida de madame Lancelin y su hija Geneviève. La violencia infligida era espantosa, con sus cabezas golpeadas y machacadas hasta el punto de que eran del todo irreconocibles. El cuero cabelludo de la región occipital había sido escalpado, dejando a la vista el hueso craneal. Las faldas estaban levantadas y la ropa interior bajada, lo que permitía distinguir sus muslos acuchillados. La señora Lancelin tenía los ojos desgajados y uno de ellos estaba atrapado en su bufanda. Los de Geneviève quedaban más lejos: uno debajo de su cadáver y el otro sobre un peldaño de la escalera.

Los guantes aún cubrían las manos de la señora Lancelin y su reloj de pulsera se había detenido a las 7.22, la hora de su inesperado final. Las manos contaban su propia historia de defensa y lucha, con hematomas y heridas superficiales, aunque en la izquierda había un mechón de cabello entre sus dedos crispados.

La señorita Lancelin, por su parte, mostraba heridas similares. Su ahora maltrecho reloj se había parado a las 7.47, sus manos revelaban un intento desesperado por defenderse y tenía el rostro hinchado e irreconocible. El cráneo presentaba heridas profundas y simétricas, y una de ellas, en la región temporal, daba muestras de la ferocidad del ataque.

El agente de policía, atenazado por el temor a encontrar a las sirvientas de la casa en un estado similar, subió las escaleras y se detuvo ante la puerta cerrada de la habitación. Al no obtener respuesta alguna a sus llamadas, la sospecha y la urgencia lo llevaron a solicitar los servicios de un cerrajero. Cuando la puerta se abrió, el misterio dio paso a una revelación inaudita: las hermanas Papin estaban vivas, de rodillas y abrazadas sobre la cama, vestidas solo con batas de estar por casa. El agua y el jabón no habían borrado la evidencia de su crimen; un martillo con sangre y cabellos adheridos yacía sobre una silla, como un mudo testigo del horror perpetrado.

Interrogadas por el oficial, confesaron ser las autoras del atroz asesinato.

Ambas fueron detenidas de inmediato. El periódico local del día siguiente, *La Sarthe*, llevó la historia en su portada. Aquel viernes, 3 de febrero de 1933, al lado del titular principal que anunciaba «La mayoría del pueblo alemán respalda a Adolf Hitler», se encontraba un recuadro estrecho, colocado allí por la urgencia de la edición, donde se leía: «Horrible crimen: la señora Lancelin y su hija Geneviève, asesinadas por sus criadas».

## CONSECUENCIAS

Lo que se desprende de las distintas versiones de los crímenes es que Christine, que era la hermana mayor y la más inteligente de las dos, había tomado la iniciativa (se la cita diciendo: «Voy a masacrarlas») y que ella y Léa acordaron compartir la responsabilidad del crimen.

Encarceladas por separado, se negaron a comer y beber hasta que las dejaran estar juntas. Al final, los funcionarios de la cárcel accedieron y permitieron un encuentro entre las hermanas. Se cuenta que, en ese momento, Christine se abalanzó sobre Léa, abriéndose la blusa y rogándole con desesperación: «¡Por favor, di que sí!», lo que suscitó la sospecha de que entre ellas existía una relación incestuosa.

Durante los casi seis meses que pasaron entre su arresto y el juicio, Christine fue la que mostró un comportamiento más extraño. En julio, tuvieron que ponerle una camisa de fuerza para evitar que intentara arrancarse los ojos.

La legislación francesa siempre ha sido bastante permisiva en cuanto a lo que se puede decir sobre los sospechosos o acusados antes del veredicto de un tribunal, de modo que la culpabilidad de las «hermanas criminales» fue difundida en la prensa desde el mismo momento de su arresto. Una multitud enfurecida se congregó en los alrededores del juzgado, pidiendo para ellas la pena de muerte. Esta condena aún se encontraba vigente en Francia y continuó inamovible hasta la llegada al poder de François Mitterrand en 1981, pero ninguna mujer había sido guillotinada desde 1887.

Dentro de la sala del tribunal, se podían contar hasta cuarenta periodistas, la mayoría de París. Su interés no se centraba tanto en los hechos del caso, que ya eran ampliamente conocidos, como en el morbo y curiosidad que suscitaban la apariencia y actitud de Christine y Léa.

Durante el juicio, ambas respondían a las preguntas en un susurro o no respondían en absoluto, sin sugerir ningún rencor contra los Lancelin. La abogada defensora, Germaine Brière, observó: «En lugar de dos brutos, encontré a dos pobres chicas». Los tres expertos psiquiátricos de la sala del juzgado sostuvieron que las hermanas eran culpables de los cargos y no merecían misericordia. El doctor Logre, considerado un «distinguido especialista en enfermedades mentales», fue llamado como testigo de la defensa y analizó con mayor profundidad el estado de las hermanas. Logre concluyó su intervención solicitando un informe psiquiátrico más exhaustivo, pero aquella petición era poco realista dada la animadversión que generaba el caso en la opinión pública y el hecho de que los tres expertos médicos del tribunal (que, a diferencia de él, habían podido entrevistar a las hermanas) mantuvieron con firmeza la conclusión a la que ya habían llegado.

Después del juicio, los miembros del jurado necesitaron solo cuarenta minutos para declarar a las hermanas Papin responsables de los crímenes. Léa fue sentenciada a diez años de cárcel. A Christine se le impuso, en un principio, la pena capital por medio de la guillotina, pero, más tarde, el castigo se redujo a cadena perpetua, al tener en cuenta su comportamiento.

La separación de Christine de su hermana deterioró aún más el estado mental de esa, sumiéndose en una depresión y en trastornos del comportamiento que algunos calificaron de «demencia». Con el tiempo, comenzó a rechazar la comida. Ante esa situación, las autoridades carcelarias decidieron trasladarla a un centro psiquiátrico en Rennes, con la esperanza de que la atención especializada le reportara alguna mejora. Sin embargo, persistió en su negativa a alimentarse, lo que la llevó a un estado de desnutrición que, finalmente, le causó la muerte por inanición el 18 de mayo de 1937.

Por su parte, Léa no llegó a cumplir la totalidad de la condena de diez años, al ser liberada después de pasar ocho en prisión. En 1941, obtuvo la libertad y se trasladó a Nantes para vivir junto a su madre. Allí adoptó una nueva identidad, pasando a llamarse Marie. También encontró empleo en un hotel, donde mantuvo un perfil bajo. Fue localizada en 1966 por un periodista de *France-Soir*, quien informó que trabajaba como camarera de pisos y limpiadora, y vivía una vida de anónima tranquilidad en el mismo tipo de habitación pequeña pero ordenada que debió ocupar en la rue Bruyère. Al parecer, conservaba recuerdos de Christine y encajes de la casa Lancelin entre sus pertenencias.

El señor Lancelin, incapaz de vender su casa tras el terrible suceso, vivió en el 6 de la rue Bruyère con un ama de llaves hasta su muerte, unos veinte años después del crimen. La casa ha cambiado de manos, al menos, dos veces desde entonces. En el verano de 1999, aún era la única que no tenía número en esa calle.

# ANÁLISIS DEL CASO

Cuando nos adentramos en los laberintos oscuros de la mente humana, pocos casos resultan tan enigmáticos y perturbadores como el de las hermanas Papin. Este doble asesinato, que sacudió a la sociedad francesa en la primera mitad del siglo XX, no es solo un simple capítulo en los anales de la criminología, sino una ventana abierta a los abismos más profundos del alma.

¿Qué sucedió realmente en aquella casa de Le Mans? ¿Cómo dos hermanas que parecían tan normales se convirtieron en protagonistas de un crimen brutal? ¿Fueron las hermanas Papin el producto de una sociedad fracturada?

## ANÁLISIS PSICOLÓGICO DE LAS HERMANAS PAPIN

Christine y Léa Papin mantenían una relación personal muy íntima e intensa, tan fuerte que se habla de una dependencia mutua casi simbiótica. Se apoyaban de una forma que no es nada común entre hermanas.

Esa dependencia tan extrema puede crear un ambiente psicológico único, en el que las emociones y la personalidad de una afectan y amplifican las de la otra. Si una se enfadaba o se frustraba, en la otra, esos sentimientos se podían disparar de manera exponencial.

Además, en una relación tan estrecha como la suya, las líneas entre sus identidades individuales quedarían desdibujadas. Esto haría que perdieran la perspectiva de sí mismas y que no fueran capaces de ver con claridad las consecuencias de lo que hacían. En el caso extremo de las hermanas Papin, esta circunstancia quizá llevó a que la violencia se convirtiera en su forma de responder juntas a lo que vivían y sentían.

Christine, la hermana mayor, desempeñaba un rol más dominante, más protector o controlador. Esta dinámica de poder es clave para entender lo que sucedió entre ellas e influyó mucho en el comportamiento de Léa. Así, ese nivel de influencia quizá la empujó a participar en el crimen, sobre todo si se sentía presionada o persuadida por su hermana mayor. Se trata de un tipo de relación desigual que se aprecia a menudo cuando hay una dependencia emocional o psicológica fuerte.

Por otro lado, las experiencias de abuso y trauma infantil que sufrieron las hermanas Papin son cruciales para acometer el análisis de su psicología y su comportamiento posterior. Se ha documentado que ambas padecieron abusos durante su niñez, una fase crítica en el desarrollo emocional y psicológico. Estas experiencias traumáticas causan trastornos psicológicos graves, como la disociación, que sucede cuando una persona se desconecta de sus pensamientos, sentimientos, recuerdos o sentido de identidad, y tiene una mayor propensión a mostrar comportamientos violentos.

Cuando alguien arrastra traumas de la infancia sin resolver, eso puede derivar en problemas psicológicos muy graves al llegar a la edad adulta. Esos traumas quizá determinen que controlar las emociones sea un desafío, dañen la manera en que nos veamos a nosotros mismos o lo pongan muy difícil para mantener unas relaciones sanas. En casos como el de las hermanas Papin, esos traumas no resueltos pudieron acumular un montón de ira y resentimiento. Y esto, al final, puede acabar en violencia. Si a eso le sumamos que esos traumas no se trataron como debían, es fácil que todo empeore. Así, las dos hermanas llegaron a un punto en el que, psicológica y emocionalmente, todo se les fue de las manos.

A esas circunstancias debemos añadir la posible psicosis y otros trastornos mentales. La teoría de que Christine acaso padeció un trastorno psicótico ofrece una perspectiva importante sobre la dinámica entre las hermanas y el crimen cometido. Si Christine experimentaba delirios, alucinaciones o una desconexión de la realidad, todo ello pudo tener un impacto significativo tanto en su comportamiento como en sus percepciones.

La influencia de Christine sobre Léa es un punto clave en el análisis del caso. Como he comentado con anterioridad, se sugiere que Léa estuvo muy influenciada o incluso dominada psicológicamente por Christine. Esta dinámica habría llevado a Léa a participar en la espiral de violencia impulsada por la psicosis o los trastornos de su hermana mayor.

Las múltiples capas de trauma, relaciones interpersonales y posibles enfermedades mentales determinan un estudio de caso complejo y, a la vez, revelador sobre la naturaleza del crimen y la psicología humana. De hecho, Jacques Lacan, el influyente psicoanalista, también se interesó por las hermanas Papin, en especial, por el intenso lazo que las unía y la dinámica psicológica que pudo llevar al acto homicida. Analizó el crimen desde la perspectiva de la teoría psicoanalítica, considerando la posibilidad de que revelara algo sobre las estructuras inconscientes y las tensiones de la psique que podrían haber conducido a tal explosión de violencia.

## CONTEXTO SOCIAL E IDENTIDAD DE CLASE

La década de los treinta del siglo xx fue, sin duda, un periodo de grandes turbulencias y cambios significativos en el mundo, que repercutieron en Europa y, por supuesto, en Francia. Después del colapso de la Bolsa de Nueva York en 1929, la Gran Depresión se extendió por Occidente.

En el contexto europeo, el desempleo y la pobreza se convirtieron en el caldo de cultivo perfecto para el surgimiento y fortalecimiento de movimientos extremistas. En Alemania, la situación económica, marcada por la hiperinflación y la falta de empleo, facilitó el ascenso al poder de Adolf Hitler y el Partido Nazi en 1933. Con su ideología, el régimen nazi empezó a reconfigurar la sociedad alemana y a prepararse para la expansión territorial que desencadenaría la Segunda Guerra Mundial.

En Italia, Benito Mussolini ya había establecido su régimen fascista desde los años veinte, consolidando su dictadura y sirviendo de inspiración para otros movimientos similares en Europa. El fascismo italiano promovía, asimismo, un fuerte sentimiento nacionalista y autoritario, y buscaba una renovación cultural y política basada en ideales de gloria y poder imperial.

En este escenario, Francia se encontraba en una situación algo diferente. Aunque la Gran Depresión afectó al país más tarde que a otras economías, a principios de los años treinta, comenzó a experimentar sus efectos. Esto incluyó un incremento en el desempleo y una crisis en sectores como la agricultura y la industria pesada. No obstante, la estructura social y política de Francia, con una fuerte tradición republicana y democrática, ofreció cierta resistencia al tipo de movimientos totalitarios que ganaban terreno en los países vecinos.

El frente político francés estaba dominado por una serie de gobiernos de coalición que luchaban por encontrar soluciones a los problemas económicos sin sacrificar los valores democráticos del país. No obstante, esta inestabilidad llevó a la formación de movimientos de extrema derecha, como la Croix-de-feu ('Cruz de fuego'), que más tarde evolucionaría hasta convertirse en el Partido Social Francés, aunque nunca alcanzó el poder como sus equivalentes en Alemania e Italia.

Por otro lado, el miedo a otra guerra estaba en el aire. Los franceses, que todavía recordaban lo mal que lo habían pasado en la Primera Guerra Mundial, estaban entre la espada y la pared: querían reforzar sus defensas (de ahí, la Línea Maginot), pero también les daba pavor meterse en otro conflicto bélico.

En medio de esta situación, miles de niños y niñas, como Christine y Léa, acabaron en orfanatos. Esos lugares, que solían ser fríos y no ofrecían el cariño necesario en la infancia, podían dejar marcas para toda la vida. No suplían el calor de una familia ni el amor imprescindible para crecer bien.

Y, si nos remitimos a la situación de las empleadas del hogar, como las hermanas Papin, las condiciones en las que trabajaban en la Francia de los años treinta pudieron ser un factor clave en el crimen que cometieron. Sin leyes que las protegieran y dependiendo totalmente de sus empleadores, se hallaban en una situación de enorme vulnerabilidad. Las jornadas interminables y el riesgo de ser despedidas sin más aumentaban el estrés y el resentimiento. Todos estos problemas, sumados a la inseguridad económica, podrían haber provocado que las tensiones emocionales y psicológicas de las hermanas llegaran al límite, llevándolas a su trágico acto de violencia.

En medio de una sociedad convulsa, donde las clases populares y empobrecidas llevaban todas las de perder, estas son algunas de las condiciones en las que vivían muchas empleadas domésticas:

**Dependencia**: la dependencia de las empleadas domésticas hacia sus empleadores era una característica distintiva de su posición, marcada por la falta de regulación. No solo significaba que sus condiciones de vida y trabajo estaban a merced de sus patronos, sino también que cualquier desacuerdo o conflicto podría causar su despido y, por tanto, la pérdida de su alojamiento y sustento. Sin leyes que las protegieran, estas trabajadoras carecían de seguridad laboral y estaban expuestas a un trato injusto y arbitrario. Este desequilibrio de poder generaba abusos y explotación, y dejaba a las empleadas domésticas en una posición muy vulnerable.

**Remuneración**: para muchas chicas sin estudios ni dinero, trabajar en casas era casi la única opción que tenían. Las oportunidades laborales para las mujeres, sobre todo si venían de familias humildes, eran muy limitadas en aquella época. Quienes hacían de «sirvientas de todo trabajo», porque se encargaban de mil tareas en las casas, estaban en lo más bajo del escalafón del trabajo doméstico. Aunque les pagaban y les ofrecían un techo bajo el que vivir, ganaban mucho menos que otras empleadas, como, por ejemplo, las vendedoras. Por tanto, este trabajo, si bien les daba para vivir, no les ofrecía una seguridad financiera sólida ni posibilidades de mejorar en la escala profesional.

**Motivaciones**: las razones de las jóvenes que elegían trabajar en casas eran de todo tipo. Por un lado, muchas venían de familias que no nadaban en la abundancia. El sueldo les daba para mantenerse y, además, echar una mano en la economía de su familia mandándoles dinero.

Por otra parte, algunas jóvenes del medio rural consideraban este trabajo como una vía para ser más independientes. Al irse a las ciudades y trabajar en casas ajenas, se libraban, hasta cierto punto, del control de sus padres. Aunque el trabajo era duro, les daba la oportunidad de vivir por su cuenta.

Asimismo, trabajar en casas les enseñaba cosas útiles para llevar un hogar, habilidades que les venían bien en su vida personal o para un futuro matrimonio. Había quien pensaba que trabajar en el servicio doméstico les proporcionaría mejores oportunidades para casarse o encontrar otros trabajos. Pero, muchas veces, estas esperanzas no se cumplían y las empleadas del hogar se encontraban en un ciclo de trabajos mal pagados y poco estables.

**Falta de regulación**: la falta de regulación y la consiguiente vulnerabilidad de las empleadas domésticas era un problema grave. Estas trabajadoras solían estar sujetas a contratos de trabajo flexibles, que no garantizaban condiciones laborales estables ni horarios fijos, dejándolas a merced de los caprichos y demandas de sus empleadores. Como no había muchas leyes que las protegieran, era fácil que las explotaran o las trataran mal.

Además, no podían unirse para defender sus derechos o mejorar sus condiciones de trabajo. Si las despedían, se quedaban en la calle de un día para otro, sin ingresos ni nada. Esta inseguridad les podía llevar a situaciones delicadas, como tener que pedir limosna, caer en el alcoholismo o, incluso, en la prostitución para intentar sobrevivir.

En resumen, las empleadas domésticas de aquel entonces tenían que lidiar con una realidad dura: sin derechos laborales, vulnerables ante abusos y con una inseguridad económica y personal constante. Esto mostraba lo difícil que era su trabajo y las desigualdades sociales y de género que había en esa época.

# CONCLUSIÓN

El crimen de las hermanas Papin fue tan pavoroso y resonaban detrás tantos aspectos de la lucha de clases que se convirtió en un asunto de interés no solo para la prensa y el público en general, sino también para algunos de los intelectuales más destacados de la época. Figuras como

Jean Genet y Jean-Paul Sartre profundizaron en el caso, cada uno desde su perspectiva y disciplina.

Jean Genet, conocido por su exploración de lo oscuro y lo transgresor en la naturaleza humana, escribió la obra teatral *Las criadas* en 1947, inspirada en el caso de las hermanas Papin. Esta obra se adentra en las dinámicas psicológicas de las sirvientas y su relación con sus amas, y explora temas como la identidad, el poder y la rebelión.

Por su parte, Jean-Paul Sartre, representante del existencialismo francés, abordó el caso en su ensayo *El muro*, donde usó el crimen como un medio para examinar la naturaleza de la libertad y la alienación en una sociedad estratificada. Sartre sugirió que el acto violento de las Papin era una expresión de la libertad, aunque fuera de una forma aberrante y destructiva, y que reflejaba la opresión que sufrían las clases trabajadoras.

Además de las obras citadas, el caso de las hermanas Papin ha sido objeto de numerosas publicaciones, desde libros que detallan el crimen y su contexto histórico y social hasta obras de teatro, películas y documentales, así como numerosos artículos académicos y de divulgación. En la actualidad, este crimen sigue siendo un punto de referencia en la cultura francesa y un tema de reflexión sobre la naturaleza de la violencia y las divisiones sociales.

Debo reconocer que este caso, aunque terrible debido a su brutalidad y virulencia, siempre me ha resultado fascinante e interesante. En realidad, parece sacado de una novela de misterio clásica, de esas que devoraba, tapado bajo una manta en invierno, cuando era adolescente, con todos esos elementos sombríos y giros inesperados que te atrapan. Las hermanas Papin nos muestran que la influencia y la dominación social puede aplastar a un ser humano y también que las injusticias laborales pueden fomentar resentimiento y odio hasta un punto crítico.

La forma en que el caso se desarrolla, con esa relación intensa, e incluso enfermiza, entre las hermanas y su aislamiento progresivo, es escalofriante pero hipnótica. Y, luego, ese trasfondo de desigualdad y opresión laboral te lleva a reflexionar y a preguntarte cuántas otras historias similares habrán quedado en el olvido. Cada vez que pienso en el caso, me sorprende cómo el entorno social y laboral puede moldear, y a veces destruir, la psique humana.

# 2

# LA MÁS ESPANTOSA DE LAS TORTURAS (Indiana, 1965)

## CRUELDAD COLECTIVA EXTREMA

*En julio de 1965, las adolescentes Sylvia y Jenny Likens quedaron al cuidado temporal de Gertrude Baniszewski, una madre soltera de mediana edad, y sus siete hijos. Lo que ocurrió durante los tres meses siguientes fue escalofriante, siendo considerado «el peor crimen perpetrado contra una persona en la historia de Indiana».*

A lo largo de la década de los llamados «felices años veinte» del siglo pasado, hubo un auge económico que se vio impulsado por la industrialización y una creciente cultura del consumo.

El año 1927 fue particularmente llamativo en muchos sentidos: Charles Lindbergh realizó el primer vuelo transatlántico en solitario desde Nueva York hasta París; Henry Ford terminó la producción de automóviles del Modelo T y cerró sus fábricas para adaptarlas a la producción del nuevo Modelo A, democratizando así el automóvil; comenzó el auge de la construcción de rascacielos, incluido el Edificio Chrysler; Al Jolson protagonizó *El cantante de jazz*, la primera película sonora, que marcaba el fin de la era del cine mudo; se estableció la prensa amarilla; el turismo transatlántico aumentó gracias a la aviación y a los vuelos más accesibles; aparecieron varias figuras de la literatura americana, incluidos escritores como Ernest Hemingway y F. Scott Fitzgerald, que captaron el espíritu de la época... La economía iba bien, pero con crecientes niveles de deuda y especulación en el mercado de valores. Así que, de repente, todo se fue al garete.

En octubre de 1929, Estados Unidos estaba a punto de caer en picado debido al peor colapso económico de su historia. En menos de un mes, la Bolsa de Wall Street se desplomó, hundiendo al país en la Gran Depresión. Se embargaron miles de casas y tuvieron que cerrar cientos de empresas. La gente estaba desesperada (aunque, a pesar del mito, no hubo suicidios en masa, ni siquiera de ejecutivos lanzándose desde sus rascacielos).

En mitad de esta vorágine, nació en Indianápolis, en el estado de Indiana, una niña llamada Gertrude «Gert» van Fossan.

La familia Van Fossan tenía orígenes mixtos, de ascendencia holandesa por parte de padre y polaca por parte de madre. Gert fue la tercera de seis hijos nacidos en el seno de una familia que pasó dificultades para sobrevivir en aquellos tiempos de pobreza generalizada.

Se sabe muy poco sobre los primeros años de la vida de Gert, excepto que intentaba estar el mayor tiempo posible junto a su padre, quien la adoraba. Esta cercanía provocó envidias entre los hermanos y una profunda frialdad por parte de la madre, quien intentó, sin éxito, separarla de él. La situación se volvió más hostil en el ambiente escolar, donde, a menudo, también era aislada y acosada. La escuela no era una prioridad para ella, en parte, porque su madre mostraba desinterés por su educación y, en parte, porque Gert quería evitar situaciones donde se sentía vulnerable.

La familia atravesó tiempos difíciles durante la Gran Depresión. El padre de Gert, que tenía problemas laborales y era alcohólico, constituía el único motivo de alegría para ella. Su madre se valió de la situación económica para enfrentar a los demás hijos con Gert, culpándola de los fracasos del padre y de los problemas familiares.

Sin embargo, cada momento que Gert pasaba con su padre era una fuente de felicidad, como una noche en que estaban juntos en la cocina. Gert practicaba la lectura con su padre y ella no podía sentirse más plena. Compartían cariño y risas. Pero, de forma inesperada, todo terminó cuando el padre cayó de forma aparatosa de su silla, se golpeó la cabeza y murió en el acto.

Era la primera vez que Gert veía un cadáver, pero no iba a ser la última.

Si Gert esperaba que su relación con su madre mejorara tras la pérdida de su padre, estaba equivocada. Además de ser culpada irracionalmente por la muerte de su padre, se sintió más sola que nunca. De hecho, comenzó a experimentar terrores nocturnos y, sin tener a su padre como contrapeso, la crueldad de su madre volvió a escalar.

Los siguientes tres años fueron un infierno para Gert. En casa, la trataron peor que a un animal, su madre la ignoró por completo y sus hermanos la marginaron de forma sistemática. Para la familia, ella era la raíz de todos sus males. Cada vez que algo funcionaba mal en casa, Gert era la culpable. Por ejemplo, cuando no había suficiente alimento para todos, era porque Gert había comido más de la cuenta. Incluso sus hermanos la maldecían cuando tenían un golpe de mala suerte, como si fuera gafe.

En el colegio, la vida de Gert se parecía cada vez más al infierno. Las chicas de su clase difundían rumores maledicentes sobre ella, como que le gustaba mucho el sexo o que se podía acostar con cualquiera, lo que hizo que se sintiera cada vez más aislada socialmente.

A los 14 años, con la llegada de la pubertad, los chicos empezaron a mostrar interés por ella debido a su reputación, lo que le proporcionó una atención inesperada. Su madre se enteró y la regañó por un comportamiento que Gert ni siquiera entendía como «inadecuado». Aunque había oído sonidos inusuales provenientes del dormitorio de sus padres cuando su padre estaba vivo, no lograba conectar aquello con su actual coqueteo con los chicos.

Finalmente, Gert dejó de preocuparse por las represalias de su madre, porque peor no podía tratarla, y se aprovechó de su belleza para recibir algo de atención y cariño por parte de los chicos. Dejaba que la tocaran donde sabía que no debían. Los rumores de que era una chica fácil se difundieron con mayor rapidez. Su reputación le hacía sentirse querida, al menos, en el aspecto carnal.

Fue así como conoció a John Baniszewski, quien se convirtió en el pasaporte de salida de su casa y también de su vida.

## SU PRIMER MATRIMONIO

Gert tenía entonces 16 años y John, 18. Era un agente de policía con una buena carrera por delante, así que Gert se casó con él a los pocos meses de salir juntos, convirtiéndose en Gert Baniszewski. Su madre no se interpuso, porque, en el fondo, deseaba que Gert desapareciera de su vida.

A pesar de que el salario de John no era muy alto, el banco de la localidad accedió a ayudar a un servidor público como él. Así que la pareja se mudó a una vivienda sencilla en la periferia después de una corta luna de miel en Ohio.

Gert no era muy hábil en la cocina, lo que generó cierta tensión en su nueva vida en pareja. En lo que respecta a su faceta íntima, donde John tenía mayores expectativas, Gert le defraudó aún más. Para ella, las relaciones sexuales eran un deber ingrato y doloroso. Esa actitud solo intensificó los problemas en la convivencia de la pareja. John se tornó violento y Gert, más distante.

A lo largo de los primeros diez años de matrimonio, Gert pasó gran parte del tiempo embarazada: tuvo nada menos que cuatro hijos. Su carácter experimentó un cambio significativo con el primer embarazo. Se volvió aún más meticulosa en el mantenimiento del hogar, sobre todo, al tomar conciencia de los riesgos de infección para el feto. Su habilidad en la cocina mejoró de forma notable cuando supo lo importante que era la nutrición y empezó a recopilar consejos de otras madres del vecindario. Aunque nunca llegó a entablar amistad con esas mujeres, se dio cuenta de que podía beneficiarse del conocimiento de los demás.

Por su parte, John la trataba de forma cada vez más violenta. A menudo, la golpeaba, pero siempre intentando no provocar heridas demasiado graves para que no tuviera que acudir al hospital y, de ese modo, su reputación no quedara en entredicho. Durante aquella década, Gert sufrió repetidas lesiones en la cabeza, que a veces la dejaban mareada y desorientada durante los días siguientes.

Hasta que un día, Gert tuvo las agallas de pedir el divorcio. John, sencillamente, aceptó sin ningún tipo de oposición.

## SU SEGUNDO MATRIMONIO

Apenas unos meses más tarde, Gert halló un nuevo compañero en Edward «Eddie» Guthrie. Su segundo enlace matrimonial resultó ser incluso menos gratificante que el primero, sobre todo, debido a la presencia y el consumo excesivo de alcohol de toda la familia Guthrie.

Cuando se cruzó en la vida de Gert, Eddie no tenía dónde caerse muerto. No trabajaba, como consecuencia de la Gran Depresión, y el poco dinero que llegaba a sus manos lo gastaba en alcohol para olvidar las penas. Es muy probable que se acercara a Gert cuando supo que recibía unos sustanciosos pagos por la manutención de sus hijos.

Al menos, a diferencia de John, cuando Eddie estaba sobrio y a solas con Gert, se mostraba atento y afectuoso. Gert, incluso, llegó a disfrutar por primera vez del sexo con él. Sin embargo, el matrimonio duró poco, apenas un año.

Gert intentó que Eddie cambiara. Aprovechó la buena relación afectiva y sexual que habían establecido en la intimidad para convencerle de que dejara el alcohol y consiguiera un trabajo, y lo logró. Pero Eddie, en cuanto vio que sus perspectivas de vida mejoraron, solicitó el divorcio arguyendo en el tribunal un simple: «Los niños me molestan».

Aunque Gert se quedó soltera, seguía recibiendo los cheques para la manutención de sus hijos. Ahora, sin mantener a Eddie, tenía más dinero disponible para sus caprichos. Aun así, sentía una gran vergüenza por ser madre soltera y se encontraba muy sola en las largas noches en que los niños estaban acomodados en sus camas.

Tal vez por esa razón, Gert le dio otra oportunidad a John y se volvió a casar con él. Tuvieron dos hijos más y se divorciaron por segunda vez en 1963.

Al mismo tiempo, después de la humillación sufrida a consecuencia de los tres divorcios, Gert estaba demasiado cansada como para intentar encontrar una nueva pareja. Sin embargo, pasadas unas semanas del divorcio de John, empezó una relación con un joven de 22 años llamado Dennis Lee Wright, quien también abusó físicamente de ella. Tuvieron un hijo y, poco después del nacimiento, Wright abandonó a Gert.

A los 36 años, Gert era una madre soltera con siete hijos y sin apenas dinero, más allá del que recibía en concepto de manutención. Complementaba sus ingresos como limpiadora en algunas casas o incluso haciendo de niñera.

Pero todo estaba a punto de cambiar.

## SYLVIA

Sylvia Marie Likens, nacida el 3 de enero de 1949, fue la tercera de los cinco hijos de Lester Cecil Likens y su esposa, Elizabeth «Betty» Frances. Por su trabajo, eran nómadas, pues se dedicaban a vender pequeñas delicias y bebidas en las ferias de Indiana. Este matrimonio errante, siempre al borde de la precariedad financiera, estaba preocupado por la educación de Sylvia y su hermana Jenny, así que solían dejarlas con parientes, en especial, con su abuela, para que pudieran ir a la escuela.

Jenny, marcada por las secuelas de la polio y con un aparato ortopédico de acero en una de sus piernas, solía dar miedo a los chicos. Sylvia, en cambio, era una joven vivaz y segura de sí misma. Su melena castaña ondulada y su apodo, Cookie, contribuían a modelar su carisma, aunque siempre escondía los dientes delanteros tras una sonrisa de labios cerrados. Cuidaba de su hermana Jenny y contribuía a la economía familiar con pequeños trabajos como niñera o haciendo recados. Además, tenía un amor especial por la música y, en particular, por los Beatles.

Sus padres se enteraron entonces de que Gert podía ocuparse de las niñas por un módico precio. Aunque medía 1,68 m, pesaba solo 45 kg y tenía un semblante demacrado y tenebroso, Lester y Elizabeth confiaron en ella. Sí, parecía una fumadora empedernida, pero era madre de siete hijos y todos mostraban un aspecto bastante saludable. ¿Qué podía salir mal?

Así pues, Betty y Lester Likens le entregaron a Gert un sobre con veinte dólares como pago por una semana. Estaban convencidos de que trataría a sus hijas como si fueran carne de su carne, sangre de su sangre. No sabían hasta qué punto estaban equivocados.

Gert residía en una casa situada en el 3850 de East New York Street, en Indianápolis, con sus siete hijos: Paula, de 17 años; Stephanie, de 15; John Jr., de 12; Marie, de 11; Shirley, de 10; James, de 8; y Dennis Lee Wright Jr.

Durante los primeros días en su nuevo y peculiar hogar, las hermanas Likens se sintieron desconcertadas por la permisividad de «mamá» y la constante presencia de niños de distintas edades que hacían a menudo lo que querían. El ambiente recordaba a una especie de utopía adolescente, donde las reglas eran escasas y autoimpuestas. Sin embargo, como ha ocurrido en numerosos episodios anárquicos a lo largo de la historia, esta libertad había derivado en una inflexible jerarquía basada en el darwinismo social, donde los fuertes explotaban a los débiles. Los hijos de Gert disfrutaban de un estatus privilegiado solo porque aquella era su casa. Las hijas mayores, Paula y Stephanie, ostentaban el mayor poder. Además, cualquier joven que captara su atención momentánea se beneficiaba de un ascenso inmediato en su estatus, en especial, los novios ocasionales que tenía Stephanie.

Gert supervisaba aquella jerarquía con cierta indiferencia. Solo intervenía si la situación amenazaba con volverse perjudicial para sus propios hijos y, ni aun así, solo cuando las cosas se descontrolaban notoriamente. A pesar del caos, mantenía ciertas tradiciones familiares, como asistir a misa todos los domingos. Si había otros eventos religiosos entre semana, se aseguraba de que todos los niños estuvieran limpios y listos para asistir a ellos.

El primer presagio de la tragedia se manifestó justo una semana después de que Sylvia y Jennifer se instalaran en la casa. Era el momento de recibir un nuevo sobre con otros veinte dólares, pero el sobre se retrasó. Gert, iracunda, condujo a ambas al oscuro sótano de su casa y les espetó: «Bien, zorras, el cheque de vuestro padre no ha llegado».

Cuando Sylvia intentó explicar que quizá el dinero se había retrasado, Gert les ordenó que se inclinaran sobre una cama y se quitaran la falda y la ropa interior para recibir unos cuantos azotes. Gert iba a usar una pala de madera contra las nalgas de ambas, pero, como Jennifer tenía poliomielitis y era la más pequeña, Sylvia propuso a Gert que la castigara a ella por las dos. Gert accedió. Jennifer asistió al castigo con una mueca de terror instalada en el rostro.

Al terminar el castigo correctivo, la respiración de Gert era tan irregular como los sollozos que todavía escapaban de la boca de Sylvia. Se inclinó hacia ella y le susurró al oído: «Si tu papá no ha pagado lo que debe mañana, volverás a recibir otro castigo».

Por fortuna para las hermanas Likens, el sobre con el dinero llegó esa misma mañana; el servicio postal se había retrasado por impedimentos accidentales al cruzar las fronteras de los estados del país.

## EMPIEZA LA PESADILLA

Después de una semana cuidando de Sylvia y Jennifer, Betty y Lester Likens fueron a visitarlas. Ninguna de las dos se quejó y los Likens quedaron satisfechos. A partir de entonces, se abrió la veda para los malos tratos, como si, de repente, la familia Baniszewski se sintiera impune. De modo que Gert y sus hijos, así como varios adolescentes del barrio, empezaron a abusar física y psicológicamente de las hermanas Likens.

Gert, sin embargo, dirigió su maltrato, sobre todo, hacia Sylvia, quizá impulsada por la envidia que sentía debido a la juventud, el atractivo y el futuro prometedor de la joven.

Por ejemplo, un día, Sylvia recibió una paliza porque se suponía que había robado ropa deportiva para la escuela. Otro día, durante una cena familiar, Gertrude, Paula y un joven vecino llamado Randy Gordon Lepper forzaron a Sylvia a ingerir un perrito caliente saturado de mostaza, kétchup y varias especias. Al final, Sylvia no pudo evitar vomitar, pero todos la obligaron a comerse su propio vómito.

Gert también la acusaba de ser una prostituta y no la dejaba sentarse en las sillas de casa, considerándola «inmunda». Sus hijos empezaron también a golpearla y quemarla con cigarrillos. En una ocasión, obligaron a su hermana Jenny a pegarle en su nombre.

También se organizaron sesiones en las que los vecinos podían venir a verla desnuda y golpearla a cambio de dinero. Sylvia era, literalmente, un *punching ball* en el que toda la comunidad podía desahogar su ira, su maldad, su miedo, su desasosiego o su tristeza. Todo era absorbido por el cuerpo de Sylvia.

De hecho, Coy Hubbard y varios de sus compañeros de clase visitaban con frecuencia la residencia Baniszewski para atormentar física y verbalmente a las hermanas Likens, colaborando a menudo con los hijos de Gert. A veces, usaban a Sylvia como muñeco de práctica en violentas sesiones de judo, lacerando su cuerpo y lesionando sus genitales. En otra ocasión, a fin de entretener a Gert y sus cómplices adolescentes, Sylvia se vio obligada a desnudarse en la sala de estar y masturbarse con una botella de vidrio de Pepsi-Cola. El motivo de la humillación de Sylvia fue «demostrarle a Jenny qué clase de chica eres». Y no ocurrió solo una vez. En una ocasión, de hecho, la botella se rompió en el interior de Sylvia y los cristales rotos le desgarraron las paredes vaginales.

Jenny luchó contra la tentación de explicarles a sus familiares lo que allí estaba pasando, ya que Gert la había amenazado con que, si decía algo, ella también recibiría los mismos abusos y torturas que su hermana.

La situación llegó al extremo cuando Gert marcó en el estómago de Sylvia, con una aguja al rojo vivo, la frase «soy una prostituta y estoy orgullosa de ello».

—¿Qué harás ahora, Sylvia? —le dijo Gert con la mirada gélida—. ¿Qué harás? Ahora ya no podrás mostrarte desnuda ante ningún hombre sin que te vea la marca. Ahora ya nunca podrás casarte. ¿Qué vas a hacer?

Debido al aumento de la frecuencia y la brutalidad de las torturas y malos tratos a los que fue sometida, Sylvia se volvió incontinente. A la vez, se le negó el acceso al baño y la obligaban a orinarse encima. Como forma de castigo, el 6 de octubre, Gertrude arrojó a Sylvia al sótano y la ató. Mientras estuvo allí encerrada, a menudo la mantuvieron desnuda y rara vez la alimentaron. En una ocasión, Gert y su hijo de 12 años, John Jr., frotaron orina y heces, procedentes del pañal del hijo de un año de Gert, por toda la boca de Sylvia, justo antes de entregarle medio vaso de agua y advertirle de que era todo lo que iba a recibir ese día.

Otras veces, la ataban a la barandilla de las escaleras del sótano con los pies apenas tocando el suelo para que gritara de dolor. Aquellos lamentos le gustaban en especial a John Jr. Era como su ASMR particular.

A los niños del vecindario también se les cobraba en ocasiones cinco centavos por ver la «exhibición» del cuerpo de Sylvia y poder participar en la humillación, ya fuera golpeándola, quemándola con cigarrillos o, en última instancia, mutilándola.

Cuando el cuerpo de Sylvia ya estaba tan castigado que resultaba imposible disimular el calvario que estaba sufriendo, Gert la obligó a redactar una carta. Mientras le dictaba las palabras, su intención era persuadir a los padres de la joven de que ella había huido de su casa. El contenido de la carta tenía como objetivo incriminar a un grupo de niños locales anónimos por abusar de Sylvia y mutilarla, después de que ella, inicialmente, hubiera aceptado tener relaciones sexuales con ellos.

Después de que Sylvia escribiera la carta, Gert mantuvo una conversación en otra habitación, donde desveló su plan: que John Jr. y Jenny le vendaran los ojos, la condujeran a una zona boscosa cercana, conocida como Jimmy's Forest, y la dejaran allí para que muriera. Sylvia lo escuchó todo.

El 25 de octubre, sabiendo que iba a morir, intentó escapar del sótano. Alcanzó la planta de arriba y casi llega a la puerta principal. Sin embargo, debido a sus graves heridas y su debilidad general, Gert la atrapó antes de que pudiera huir.

Sylvia volvió a ser arrastrada hasta el sótano. Aquella noche intentó con desesperación alertar a los vecinos gritando, pidiendo ayuda y golpeando las paredes con una pala. Una vecina estuvo a punto de informar a la policía de que había oído ruidos extraños que procedían del sótano de 3850 East New York Street. Sin embargo, como todo había cesado de repente a las tres de la madrugada, al final, concluyó que no era necesario.

En la mañana del 26 de octubre, Sylvia no podía hablar de manera inteligible ni coordinar bien el movimiento de sus extremidades. Gert la condujo a la cocina y, tras apoyarla contra la pared, intentó darle de comer un Dónut y un vaso de leche. La arrojó contra el suelo cuando no pudo llevar el vaso de leche a sus labios. Luego, fue devuelta al sótano. Sylvia ya deliraba, murmurando palabras sin sentido.

Sylvia, finalmente, sucumbió a la muerte.

¿Qué pasaría cuando la policía encontrara su cadáver? Sintiéndose atrapada, Gert decidió llamar ella misma a las autoridades para enseñar la carta que había obligado a escribir a Sylvia y usarla como coartada. Los agentes de policía no dieron crédito a la escena que les esperaba: el cuerpo demacrado y mutilado de Sylvia sobre un colchón sucio del dormitorio. Cada centímetro de ella estaba cubierto de llagas, cortes, quemaduras, grandes hematomas o laceraciones. La piel de su cara, pecho, brazos y piernas casi se había despegado de la carne.

Gert aseguró que había estado cuidando a la niña durante una hora, o más, antes de su muerte, aplicando alcohol isopropílico a las heridas. Agregó que Sylvia se había escapado de su casa con varios adolescentes antes de regresar esa misma tarde, con el pecho desnudo y agarrando aquella nota.

La policía enseguida se dio cuenta de que algo no encajaba. Vio a una adolescente embarazada, Paula, leyendo la Biblia en voz alta. También a un grupo de adolescentes del barrio, callados y observando nerviosos la escena. Con una Biblia en la mano, Paula miró en dirección a Jenny y dijo con calma: «Si quieres vivir con nosotros, te trataremos como a nuestra propia hermana».

Como le había indicado antes Gert, Jenny Likens recitó a la policía la versión ensayada de los acontecimientos que habían conducido a la muerte de su hermana. Sin embargo, sacando los últimos vestigios de valor que le quedaban, fue capaz de susurrar algo más a los agentes: «Sacadme de aquí y os lo contaré todo».

Y así lo hizo.

Las revelaciones de Jenny, junto a los resultados de la autopsia del cuerpo de Sylvia, pusieron de manifiesto que algo olía a podrido en el hogar de Gert.

En concreto, la autopsia reveló que Sylvia había sufrido más de 150 heridas distintas en todo el cuerpo. Las heridas variaban en ubicación, naturaleza, gravedad y etapa de curación. Sus lesiones incluían quemaduras, hematomas graves y daños en músculos y nervios. Su cavidad vaginal estaba casi cerrada por la hinchazón. Además, todas las uñas estaban rotas y la mayoría de las capas externas de la piel de la cara, los senos, el cuello y la rodilla derecha estaban en carne viva. En su agonía, Sylvia se había mordido los labios, cortando parcialmente secciones de ellos.

Charles Ellis, quien realizó la autopsia, dijo que la causa de la muerte había sido una inflamación del cerebro, una hemorragia interna del cerebro y el *shock* inducido por el extenso daño en la piel de Sylvia. Declaró que la adolescente sufría desnutrición extrema y que su cuerpo estaba cubierto, de los pies a la cabeza, de quemaduras de cigarrillo.

«En todos mis años de experiencia», dijo más tarde el teniente Spurgeon D. Davenport, jefe de la sección de homicidios de la policía y veterano con 35 años de servicio, «este es el acto más sádico con el que me he topado jamás».

## CONSECUENCIAS

Gert, Paula, John Jr., Coy y Richard «Ricky» Hobbs fueron detenidos por el asesinato de Sylvia Likens.

Durante el juicio, se relataron escenas dantescas. En principio, Gertrude negó cualquier participación en la muerte de Likens, aunque, el 27 de octubre, había confesado que los niños, en particular su hija Paula y Coy Hubbard, habían abusado física y emocionalmente de Likens, afirmando: «Paula causó la mayor parte del daño». Durante horas, en el estrado de los testigos, negó cualquier conocimiento del asesinato mediante tortura. Afirmó, sin dudar, que estaba enferma, dormida, drogada, en el consultorio del médico, fuera de la casa, fuera de la habitación u ocupada planchando mientras los niños golpeaban a Sylvia. No mostraba ningún remordimiento. Quería salvarse de la cárcel a toda costa.

Los niños más pequeños dijeron que pensaban que su madre solo estaba castigando a Sylvia. Una niña testificó que su madre se sentaba cerca y tejía mientras Sylvia gritaba de dolor. Paula le dijo a la policía: «Usé fósforos y mamá usó cigarrillos» para quemar a Sylvia. Jenny intentó explicar por qué no buscó ayuda para su hermana moribunda: «Estaba asustada».

Las pruebas y las declaraciones de todos los implicados, sin embargo, derribaron aquel montón de mentiras. El veredicto del jurado, compuesto por ocho hombres y cuatro mujeres, fue unánime. El 19 de mayo de 1966, declaró que Gert era culpable de asesinato en primer grado. Paula fue declarada culpable de asesinato en segundo grado. La hija mayor de Gertrude permaneció inexpresiva mientras se leía el veredicto. John Baniszewski Jr., Richard Hobbs y Coy Hubbard fueron condenados por homicidio involuntario. Cinco días después, Gertrude y Paula fueron sentenciadas a cadena perpetua en la prisión de mujeres de Indiana, en Indianápolis. Los tres niños fueron sentenciados a penas de entre 2 y 21 años en el Reformatorio del Estado de Indiana, en Pendleton.

Cuatro días después de su muerte, Sylvia fue enterrada en Lebanon, su lugar de nacimiento, en el cementerio de Oak Hill. Durante el funeral, solo se veía su rostro: sus padres no querían que se exhibiera el resto del cuerpo destrozado. Con todo, a pesar del abundante maquillaje para mostrar la mejor cara de Sylvia, aún se notaban las marcas del infierno que había pasado en la Tierra.

Junto al ataúd se exhibía una fotografía de la bella adolescente, tomada antes de mudarse a la casa de los Baniszewski. Hoy en día, son muy pocas las personas que visitan la tumba, marcada con una piedra sencilla decorada con flores en las esquinas. En la piedra, elegida por los padres, simplemente se lee: «NUESTRA QUERIDA HIJA».

La Junta de Libertad Condicional de Indiana le concedió la libertad condicional a Gert después de pasar 20 años en prisión. Con 57 años de edad y vestida con una blusa estampada y una falda blanca que había confeccionado en el cuarto de costura de la prisión, lloró por la emoción de sentirse libre de nuevo. Al parecer, su conducta en la cárcel había sido excelente. Era muy querida por los reclusos y los más jóvenes la llamaban «mamá».

Tras ser liberada en 1985, se mudó a Iowa. Nunca asumió toda la responsabilidad por el prolongado sufrimiento y muerte de Sylvia, insistiendo en que no podía recordar con precisión ninguna de sus olvidos durante los meses de abuso y tormento continuado. Principalmente, atribuyó sus acciones a la medicación que le habían recetado para su asma. Gertrude Baniszewski vivió en relativo anonimato en Laurel, Iowa, hasta su muerte, por cáncer de pulmón, el 16 de junio de 1990, a los 61 años de edad.

Después de obtener la libertad condicional en 1972, Paula Baniszewski asumió una nueva identidad. Trabajó como asistente de un consejero escolar durante 14 años en la escuela comunitaria Beaman-Conrad-Liscomb-Union-Whitten, en Conrad, Iowa, bajo el nombre de Paula Pace, ocultando la verdad sobre su historial delictivo al solicitar el puesto. La despidieron en 2012, cuando la escuela descubrió su verdadera identidad. Paula se casó y tuvo dos hijos. La hija a la que dio a luz mientras esperaba juicio en 1966 y a quien bautizó con el nombre de su madre fue adoptada más tarde.

Los cargos de asesinato que, en un principio, se presentaron contra la segunda hija mayor de Gertrude, Stephanie, de 15 años, al final se retiraron después de que acordara declarar contra los otros acusados. Aunque los fiscales volvieron a presentar su caso ante un gran jurado el 26 de mayo de 1966, la decisión de juzgarla más tarde en un proceso separado nunca se materializó. Stephanie adoptó un nuevo nombre y se convirtió en profesora. Más tarde, se casó y tuvo varios hijos. Cuando se le preguntó en el juicio sobre su motivo para declarar contra los otros acusados, Stephanie afirmó: «¡Solo estoy aquí con la esperanza de poder ayudar a alguien!». En respuesta, el abogado de su madre, William Erbecker, preguntó: «¿Incluyéndote a ti misma?».

Poco después del arresto de su madre, el Departamento de Bienestar Público del Condado de Marion colocó a Marie, Shirley y James Baniszewski bajo el cuidado de distintas familias de acogida. El apellido de los tres niños se cambió por el de Blake a finales de los años sesenta, después de que su padre recuperara su custodia. Marie se casó más tarde. Marie Shelton murió de causas naturales el 8 de junio de 2017, a la edad de 62 años. Dennis Lee Wright Jr.

fue adoptado con posterioridad. Su madre adoptiva lo llamó Denny Lee White. Falleció el 5 de febrero de 2012, a la edad de 47 años.

Richard Hobbs, Coy Hubbard y John Baniszewski Jr. fueron puestos en libertad condicional del Reformatorio de Indiana en 1968, después de cumplir menos de dos años de condena. Hobbs murió de cáncer de pulmón en 1972, tras haber sufrido, al menos, un colapso nervioso. Hubbard vivió en Indiana y estuvo varias veces en prisión por diversos delitos. Fue despedido de su trabajo en 2007, después del estreno de una película sobre el caso, y murió ese mismo año de un infarto.

John Baniszewski Jr. vivió en relativo anonimato bajo el alias de John Blake. Murió en 2005.

Los cargos contra otros jóvenes que también habían atormentado a Sylvia física, mental y emocionalmente fueron luego retirados. Varios de ellos han fallecido, incluida Anna Ruth Siscoe, en 1996, y Randy Gordon Lepper, en 2010.

Jenny Likens, la hermana de la víctima, se casó y tuvo dos hijos, pero continuó sufriendo de ansiedad debido al trauma. Murió en 2004 de un infarto.

Elizabeth y Lester Likens fallecieron en 1998 y 2013, respectivamente. En los años previos a su muerte, Jenny Likens enfatizó con reiteración que no se debería culpar a sus padres por haberlas entregado a Gertrude Baniszewski, pues ambos solo habían confiado con ingenuidad en la promesa de esta.

En junio de 2001, se inauguró un monumento de granito dedicado a la memoria y el legado de Sylvia Likens.

La casa en la calle East New York 3850, donde Sylvia había sido torturada y asesinada, permaneció vacía durante muchos años después de su muerte y la detención de sus verdugos. Aunque se discutió la posibilidad de comprar y rehabilitar la casa con el fin de convertirla en un refugio para mujeres, nunca se recaudaron los fondos necesarios para llevar a cabo el proyecto. La casa fue al final demolida el 23 de abril de 2009.

# ANÁLISIS DEL CASO

En una audiencia previa al juicio, celebrada el 16 de marzo de 1966, varios psiquiatras le contaron al juez, Saul Isaac Rabb, lo que pensaban sobre la salud mental de los acusados del asesinato de Sylvia. Dijeron que, por lo menos, estaban lo suficientemente bien de la cabeza como para ir a juicio.

Pero si nos detenemos a analizar cómo pensaban quienes hicieron esto, nos damos cuenta de que hay un montón de factores implicados que podrían ayudar a entender, aunque sea de manera aproximada, por qué sucedió esta tragedia.

## PSICOLOGÍA DE LOS PERPETRADORES

1. Gertrude Baniszewski presenta un perfil psicológico complejo y multifacético. Nacida en un entorno adverso y víctima de constantes desafíos, Gertrude emergió como una figura que personifica las oscuras consecuencias de una psique muy perturbada y un contexto social desfavorable.

Desde que era pequeña, Gertrude pasó por múltiples relaciones tóxicas. Esas experiencias de sus primeros años, llenas de malos tratos y caos, le enseñaron mucho, pero de manera negativa, acerca de las relaciones con los demás, lo que fue dejando huella en su forma de actuar más adelante. Como si estuviera atrapada en un círculo vicioso, empezó a relacionarse con otras personas con dolor y humillación, como ella había sido tratada. Al parecer, desarrolló un carácter un poco complicado, con problemas para empatizar con los demás y sin sentir demasiada culpa.

La vida de Gertrude también fue una lucha constante por la falta de dinero y el estrés de cuidar sola a sus hijos. Esos problemas, tanto económicos como emocionales, la pusieron aún más contra las cuerdas y afectaron a su ya delicada salud mental. Entre batallar con la depresión y otras enfermedades causadas por el exceso de estrés, Gertrude se vio atrapada en un torbellino de problemas y su salud mental se fue deteriorando, lo que solo empeoró su tendencia a ser abusiva y violenta.

En su trato con Sylvia Likens, Gertrude mostraba una obsesión enfermiza por mandar y controlarlo todo. Parece que lo hacía para cubrir sus propias inseguridades y la falta de control que tenía en otras partes de su vida. Lo que le hizo a Sylvia fue consecuencia del impulso por llevar al extremo esa necesidad de poder, como si encontrara en ello una manera de soltar toda la rabia que tenía guardada y sentirse fuerte y temida.

La desconfianza y paranoia de Gertrude influyeron mucho en que el abuso fuera en aumento. Veía a Sylvia de una manera distorsionada, quizá por envidia o rencor, y eso la llevaba a creer que era un castigo que la joven se merecía. Este pensamiento retorcido de Gertrude se intensificaba por el ambiente caótico y violento en el que vivían, donde no había reglas claras ni límites.

La situación de pobreza y el ambiente social complicado en el que estaba Gertrude ayudaron, sin duda, a que sus tendencias abusivas crecieran. Las circunstancias duras de la Gran Depresión empujaron a mucha gente al límite. Y, en el caso de Sylvia, se da un cúmulo de errores por parte de mucha gente: sus padres, Lester y Betty Likens, no se ocuparon de ella como debían; su falta de atención abrió la puerta a los abusos terribles que sufrió; las autoridades tampoco hicieron nada, a pesar de que había señales de que algo no andaba bien; los vecinos, la escuela, la iglesia y los servicios sociales tampoco se involucraron como deberían haberlo hecho, aunque todo apuntaba a que en la casa de Gertrude sucedían cosas muy turbias.

En términos generales, el caso encaja en el marco del «maltrato institucionalizado», donde los sistemas sociales permiten el abuso al no proteger a las personas vulnerables. La Gran Depresión había empobrecido a la sociedad, favoreciendo que personas desesperadas como Gertrude cayeran entre las grietas. El racismo y el clasismo quizá desempeñaron un papel relevante, al considerar a las chicas como «basura blanca», sin valor.

John Dean, un antiguo periodista de *The Indianapolis Star* que había cubierto el caso, declaró en 2015: «Nunca pensé que estuviera loca. Pensé que era una mujer deprimida y malintencionada». Dean también comparó el caso con la novela *El señor de las moscas*, de William Golding, aunque afirmó que el creciente abuso físico y emocional hacia Sylvia no fue el resultado de «niños volviéndose salvajes; fue de niños haciendo lo que se les decía». Sobre el motivo real de Gertrude para atormentar y finalmente asesinar a Sylvia, el abogado Forrest Bowman opinó en 2014: «Tenía una vida miserable. Creo que todo esto se debía, en última instancia, a los celos».

Para resumir, la historia de Gertrude Baniszewski es la de una mujer que vivió rodeada de abuso, tanto sufriendo como causándolo. Su caso es un triste ejemplo de cómo las malas experiencias, los problemas de salud mental y un ambiente social complicado pueden juntarse y dar como resultado una forma de proceder superdestructiva.

Está claro que su historia nos enseña la importancia de actuar rápidamente y ofrecer ayuda cuando haya un abuso, y nos recuerda que debemos intentar comprender bien lo que implica el abuso, que es algo muy complejo.

2. Los hijos y vecinos de Gertrude Baniszewski, todos los que participaron en el abuso de Sylvia, exhibieron lo que se conoce como «efecto del espectador desinhibido». Bajo la influencia de una autoridad dominante y en el contexto de un grupo, las inhibiciones personales tienden a disminuir, lo que conduce a actos que, individualmente, podrían no cometerse. Este fenómeno está relacionado con la teoría de la desindividualización y la difusión de la responsabilidad.

## EFECTO DEL ESPECTADOR DESINHIBIDO

El efecto del espectador desinhibido se produce, por ejemplo, cuando estás con tus amigos y, sin darte cuenta, empiezas a hacer cosas que, por regla general, no harías si estuvieras solo. Esto sucede porque, cuando estás en grupo, a veces sientes menos responsabilidad o te notas más valiente si tus amigos están haciendo lo mismo.

Imagina que estás en el colegio o en el trabajo y alguien empieza a hacerle bromas pesadas a otro compañero. Si estuvieras solo, quizá pensarías que eso no está bien y no te unirías, pero si ves que tus amigos le siguen la corriente al hostigador, podrías sentirte presionado para actuar igual, incluso si sabes que no está bien. Eso es el efecto del espectador desinhibido: cuando estás en grupo, te puedes dejar llevar con mayor facilidad por lo que hacen los demás, incluso si eso significa comportarte de una manera que no es la más adecuada.

Fundamentos:

1. **Desindividualización:** teoría propuesta por Leon Festinger, Albert Pepitone y Theodore M. Newcomb (1952) que sugiere que estar en un grupo reduce la conciencia de uno mismo y aumenta el anonimato. Ello conduce a una disminución de las inhibiciones y a un aumento de comportamientos que, por regla general, serían reprimidos.
2. **Difusión de la responsabilidad:** en un grupo, los individuos tienden a sentir menos responsabilidad personal por sus acciones. Este concepto, explorado por John Darley y Bibb Latané (1968) en su teoría del efecto espectador, sugiere que, en presencia de otros, las personas se sienten menos impelidas a actuar o a asumir responsabilidades por una situación.
3. **Influencia de la autoridad:** la obediencia a la autoridad, estudiada a fondo por Stanley Milgram en los años sesenta, demuestra cómo la presencia y las directrices de una figura autoritaria pueden empujar a las personas a actuar de manera que contradigan sus normas morales y éticas personales.

Ejemplos:

- **Comportamiento de grupo en situaciones violentas:** cuando hay broncas en grupo, como en disturbios, linchamientos o hasta en casos de *bullying* entre varios, el efecto del espectador desinhibido puede ser una pieza clave del puzle. Como se ha dicho, lo que pasa es que la gente, en estos grupos, a veces hace cosas superviolentas que jamás realizarían si estuvieran solos.
- **Abuso en ambientes institucionales:** en sitios como cárceles o colegios, este efecto puede ser todavía más fuerte. A veces, las personas que mandan en estos lugares, o queriendo o no, pueden hacer que la gente se comporte de manera abusiva o violenta.

El efecto del espectador desinhibido no afecta a todo el mundo por igual. Hay infinidad de factores que influyen en el comportamiento de una persona dentro del grupo. Por ejemplo, es determinante el lugar donde crecimos y las reglas o costumbres que nos enseñaron. Si en tu cultura o en tu casa siempre se ha dicho que están mal determinadas acciones, eso puede influir en la forma de comportarte, incluso cuando estás con amigos.

Por otra parte, no todos somos iguales. Algunas personas son más atrevidas, otras son más tranquilas, y eso también cuenta. Si eres alguien que piensa mucho en lo que está bien y en lo que está mal, quizá no te dejas llevar tanto por lo que hacen los demás.

En resumen, el efecto del espectador desinhibido es complejo. Nos enseña cómo las cosas que aprendemos y la gente con la que nos relacionamos pueden influir en lo que hacemos cuando estamos en grupo. Entender esto es fundamental para saber por qué a veces la gente se comporta de manera extraña o hace cosas malas cuando está con otros y para tratar de evitar actos trágicos cuando estamos en grupo.

## DINÁMICA FAMILIAR Y SOCIAL DEL CASO DE SYLVIA

La dinámica en el hogar de Baniszewski era notoriamente disfuncional. Gertrude, que ejercía de jefa, tenía todo el control y hacía lo que quería, creando un ambiente muy tóxico, de miedo y violencia. Ello tuvo como consecuencia que, para los niños que vivían allí, el abuso pareciera algo normal.

Gertrude ejerció un poder casi absoluto sobre Sylvia, lo cual es característico de muchos casos de abuso. Este deseo de controlar y dominar a otro ser humano es un rasgo común de los abusadores.

La constante exposición a la violencia y el abuso dentro del hogar de Baniszewski desensibilizaron a los perpetradores, lo que les permitió cometer actos cada vez más brutales sin remordimientos.

Los niños y adolescentes involucrados en el caso se encontraban bajo una intensa presión de grupo para conformarse con las acciones de Gertrude. Querer encajar y hacer lo mismo que tus amigos es algo que puede influir muchísimo en cómo actúas.

Este caso muestra, asimismo, problemas más amplios de la sociedad de esa época; por ejemplo, la manera en que se veía el maltrato a los niños, cómo se cuidaba de ellos y el papel de las mujeres en la sociedad.

Desde el punto de vista psicológico, Sylvia era vulnerable debido a su edad, a la falta de apoyo y a una situación precaria. Los abusos sufridos le causaron un verdadero trauma, una desconexión del entorno y el sentimiento de no poder hacer nada. Al final, dejó de verse como una persona, lo que se convirtió en una dificultad añadida para pedir ayuda como debía.

Jenny Likens, la hermana de Sylvia, quedó traumatizada al presenciar aquel horror. Los hijos de Gertrude participaron en grados diversos, desde la facilitación hasta la perpetración directa de abusos. Esto sugiere una necesidad de ganarse la aprobación de su madre, así como una influencia o contagio social que fue retroalimentándose entre todos los que participaron en aquel horror.

## Conclusión

El caso de Sylvia Likens nos hace pensar en lo compleja que es la naturaleza humana y lo delicado y retorcido que llega a ser el abuso, porque, a veces, sucede de una forma tan gradual que ni víctimas ni perpetradores acaban siendo muy conscientes del daño irreparable que están provocando. Asimismo, es indicativo de cómo lo que sucede en la familia y en nuestro entorno social puede conducirnos por el camino del mal. Es una llamada de atención sobre la importancia de estar al tanto de lo que pasa en nuestra comunidad, actuar pronto si somos testigos del abuso y no dejar de lado a las familias que intentan combatirlo.

Estos hechos provocaron una reacción social enorme, indignación pública e incluso cambios en las leyes, pero siguen dándose casos parecidos hoy en día. Por tanto, la lección es obvia: debemos abrir bien los ojos, reforzar las maneras de proteger a los más pequeños y no ignorar nunca esas señales de alarma. Tú, yo, todos podemos marcar la diferencia. No hay excusa posible para quedarse de brazos cruzados.

# 3

# ¿QUIÉN PUEDE MATAR A UN NIÑO? (Liverpool, 1993)

## MALDAD Y CRUELDAD EN NIÑOS

*Centro comercial New Strand. Denise Bulger soltó brevemente la mano de James, su hijo de dos años, para buscar algo en su bolso. Esa fue la última vez que vio al niño. Apenas dos días más tarde, se descubrió el cuerpo sin vida de James. Había sido sometido a una tortura espantosa. Los responsables del crimen se convirtieron en los condenados más jóvenes en la historia de Reino Unido.*

Durante los años ochenta y principios de los noventa del siglo XX, Liverpool, como muchas otras ciudades industriales británicas, tuvo que enfrentarse a un severo declive económico. La desindustrialización y la globalización condujeron al cierre de muchas fábricas y astilleros, lo que originó tasas de desempleo extremadamente altas. La ciudad, que hasta entonces había sido un próspero centro industrial y portuario, vio cómo muchos trabajos se trasladaban al extranjero, donde la mano de obra era más barata.

La situación se vio agravada por la política de austeridad implementada por el Gobierno. Los recortes en los servicios públicos, como la educación y el bienestar social, tuvieron un efecto dominó en comunidades ya empobrecidas. La falta de inversión en formación y en servicios de apoyo afectó en especial a los más jóvenes, quienes encontraron pocas oportunidades para salir de una espiral de pobreza.

Sin embargo, Denise Bulger era feliz. En cuanto supo que estaba embarazada, Ralph y ella decidieron casarse. Organizaron la boda para el 16 de septiembre de 1989, que coincidía con su cumpleaños. Fue un acto pequeño y sencillo, sobre todo, porque no podían permitirse mucho más y porque ella estaba en las primeras etapas del embarazo. Quiso mantener la noticia en secreto hasta que estuviera segura de que todo iba bien, pasadas las doce semanas.

Ambos iban a ser padres a pesar de su juventud: ella tenía 22 años y Ralph, un año más. Aunque lo habían pasado mal, estaban decididos a comenzar de nuevo, convencidos de que aquello sería el inicio de una vida familiar feliz.

Denise estaba segura de que las cosas iban a ir bien. Había perdido a su primera hija, Kirsty, por complicaciones en el parto. Sin embargo, sentía que nada malo le sucedería a este segundo hijo.

No era ni remotamente consciente de lo equivocada que estaba.

Por fin, llegó el día y ambos partieron hacia el hospital. Durante el trayecto, se mostraron emocionados y aterrados al mismo tiempo, conscientes de que la situación era muy parecida a la que habían vivido un año antes con Kirsty.

Denise fue conducida hasta una sala diferente a la anterior y comenzó el proceso del parto. Ella hizo todo lo posible por no pensar en la muerte de Kirsty, recordándose a sí misma que esta vez, después del dolor sufrido, tendría a un bebé sano entre sus brazos.

Aunque fue un parto difícil, la comadrona explicó que las cosas habían salido bien. James Patrick Bulger, bautizado así en honor al padre de Ralph, pesó 2,8 kg al nacer. Tenía el pelo rubio, los ojos azules y una piel resplandeciente. Denise pensó que era el bebé más precioso que había visto en su vida y se prometió a sí misma que lo cuidaría hasta el fin de sus días.

Como resultado de aquella promesa, madre e hijo forjaron un vínculo muy profundo en aquellos primeros meses. En retrospectiva, Denise recordaría que todas aquellas noches de caricias y carantoñas, mientras el padre dormía, quizá fueron un extraño regalo del universo para aprovechar al máximo el tiempo que les quedaba de estar juntos, antes de que James fuera asesinado.

El primer año de James pasó en un abrir y cerrar de ojos. Denise disfrutó de su primera sonrisa, sus primeras palabras, sus primeros pasos. A pesar de que vivían en un apartamento muy pequeño y que las cosas no marchaban demasiado bien a nivel económico, Denise era feliz durmiendo junto a su cuna. Además, se sentía particularmente orgullosa de que James hubiera empezado a usar el baño, lo que significaba que no tenía que lidiar con un orinal en cada habitación vaciándolo todo el tiempo.

Como Denise era fan de Michael Jackson, a menudo ponía sus canciones para que James las bailara. De hecho, el último regalo de Navidad de James fue el *making off* del vídeo musical de *Thriller*. James y ella solían verlo juntos y, luego, él se levantaba e imitaba los movimientos a la perfección, como una versión pequeña y adorable de Michael. Su canción favorita, justo antes de morir, era *Remember the Time*, y le encantaba el vídeo de esta canción, en el que Iman y Eddie Murphy interpretaban a faraones del Antiguo Egipto.

Y, naturalmente, como todos los niños pequeños, James tenía también su lista de dibujos animados predilectos: *Los Pitufos*, *Las Tortugas Ninja* y *Thomas y sus amigos*.

## SOLO DOS MINUTOS

Como en tantas historias terribles, el día empezó como cualquier otro, sin ningún indicio de lo que iba a ocurrir. Era viernes, 12 de febrero de 1993. Un día frío de invierno. James se despertó lleno de energía al amanecer. Después de inspeccionar su cama y darle la habitual ovación por no mojarla, Denise lo llevó a la sala para que pudiera ver la televisión mientras le preparaba un tazón de sus adorados Frosties.

James fue al centro comercial New Strand con su madre. New Strand estaba situado en Bootle, un suburbio a unos siete kilómetros de la ciudad de Liverpool. A las 15:40, mientras ella estaba en la carnicería A. R. Tym's, soltó la mano de James durante dos minutos, el tiempo que Denise invirtió en elegir el corte, sacar el dinero de su billetera y pagar. Durante esos dos minutos, James se encontraba en la entrada del establecimiento cuando fue abordado por dos niños de diez años, Jon Venables y Robert Thompson. Tras hablarle brevemente, uno lo cogió de la mano y lo condujeron hacia el exterior del centro comercial. Las cámaras de seguridad registraron este suceso a las 15.42.

Tras darse cuenta de la ausencia de su hijo, Denise entró en pánico. Interrogó a todos los presentes, pero nadie había visto a James. Llamó al personal de seguridad del centro comercial, quienes anunciaron el nombre de James Bulger a través de los altavoces, sin éxito. Veinte minutos más tarde, la policía inició la búsqueda.

Denise no volvería a ver a su hijo vivo. Resulta increíble cómo puede cambiar toda tu vida en solo dos minutos.

Sin embargo, Denise y Ralph tardaron un poco más en ser conscientes de aquella terrible verdad. Después de ver en el vídeo registrado por las cámaras de seguridad que James estaba siendo acompañado por dos niños, pensaron que todo saldría bien, considerando que solo se trataba de una travesura de dos chiquillos.

El domingo 14 de febrero, se halló su cuerpo sobre las vías de la estación abandonada Walton & Anfield. James estaba muerto y espantosamente mutilado.

Los medios de comunicación se encariñaron con una imagen particular de James que era usada una y otra vez: la fotografía borrosa de él congelado en el tiempo y mirando a la cámara. Mantenía una expresión seria y unos mechones de cabello rubio le caían sobre sus ojos abiertos. También tenía un poco de yogur alrededor de su boca, porque acababa de comerse uno. Esa imagen se ha utilizado en las portadas de libros, programas de televisión, periódicos y documentales.

Para Denise, fue injusto que el mundo solo tuviera esa imagen de su adorable hijo. James iluminaba cualquier estancia en la que se encontrara. Nunca estaba de mal humor. No tenía berrinches. Solo era un poco travieso. Pero no merecía todo lo que le había pasado durante las horas siguientes a su desaparición. Aquel castigo no lo merecía ni la más horrible de las personas. Y, mucho menos, el pequeño e inocente James. Porque los niños, todos, son inocentes.

O, tal vez no todos.

## JON Y ROBERT

Jon Venables y Robert Thompson, los niños de diez años de edad que cometieron el crimen, también venían de entornos desfavorecidos y problemáticos. Sin embargo, a diferencia de James, no eran adorables.

Jon Venables arrastraba problemas de conducta en la escuela y era considerado un niño difícil. Sus padres estaban separados y tenía un hermano con discapacidad. La madre, Susan, parecía tener dificultades para controlar el comportamiento de Jon.

Robert Thompson también provenía de una familia problemática. Su padre era alcohólico y violento con su madre. Tenía varios hermanos con antecedentes de delitos menores. Robert se ganó la fama de mentiroso y manipulador en la escuela.

Jon y Robert eran compañeros de clase, aunque no se llevaban especialmente bien. Solían meterse en problemas juntos, haciendo novillos y cometiendo pequeños hurtos en tiendas. El día del crimen, decidieron no ir a clase y vagar sin rumbo por la ciudad.

Entraron en algunas tiendas, robando pequeños objetos y causando travesuras. Cerca de las tres y media de la tarde, cuando pasaban frente a una carnicería, vieron a James caminando solo. Al parecer, su madre estaba en la carnicería y lo había perdido de vista. Lo llamaron y James comenzó a seguirlos. Uno lo cogió de la mano y se lo llevaron caminando hasta la salida del centro comercial.

A James le esperaba un itinerario de horror de cuatro kilómetros a lo largo de Liverpool. Durante el trayecto, derramó lágrimas, llamó a su madre, sufrió patadas y puñetazos; el cansancio lo dominaba mientras los jóvenes lo arrastraban, cada vez más lejos. Al cruzar el canal Leeds-Liverpool, a escasas cuatro manzanas del centro comercial, lo lanzaron con violencia contra el asfalto. James sufrió lesiones en el rostro y emergió un pronunciado hematoma en su frente.

Afligido, James continuó avanzando de manera tambaleante. Venables y Thompson le colocaron la capucha del anorak para ocultar su rostro herido. Sus captores se mofaban de él mientras los transeúntes, treinta y ocho testigos que apenas intervinieron, asumieron ingenuamente que se trataba de una disputa entre hermanos.

De hecho, en el juicio posterior, uno de los testigos, un hombre, relató haber visto a Thompson propinar una patada en las costillas al menor de los tres niños. Cuando preguntó qué ocurría, los jóvenes eludieron la cuestión, alegando ser hermanos. Una mujer mayor también se dio cuenta de que James estaba llorando con desconsuelo y los abordó. De nuevo, los niños mintieron, aduciendo que habían encontrado a aquel niño y que estaba perdido. La mujer se ofreció a llevar al menor a la comisaría, pero, al solicitar a otra mujer que cuidara de su propia hija, alegó que no podía hacerse cargo de la niña debido a que tenía un perro peligroso que no se llevaba bien con los niños, respuesta que resultó fatídica para el pequeño.

James, casi por casualidad, no fue rescatado de aquellos dos pequeños monstruos. Su vida pendía de un hilo y nadie se había percatado de ello.

Venables y Thompson continuaron su trayecto y llevaron a James consigo a varios establecimientos. Hurtaron pintura azul para maquetas, un muñeco Troll y algunas pilas. Al entrar en una tienda de animales, el propietario, familiarizado con los jóvenes delincuentes, los echó. Antes de ser expulsados, Venables afirmó que James era el hermano menor de Thompson.

Cuando alcanzaron el terraplén de una estación de tren semiabandonada, se produjo el episodio más atroz de todos. James fue agredido con ladrillos y piedras, recibió pintura azul en los ojos y sufrió patadas en el rostro. A continuación, saltaron con saña sobre su cuerpo, fracturándole las manos y las costillas. Le introdujeron pilas en la boca y le arrojaron una barra de hierro de diez kilogramos sobre la cabeza, ocasionándole diez fracturas adicionales. Al final, colocaron a James perpendicularmente sobre las vías del tren y cubrieron su rostro con escombros, esperando que la gente pensara que había muerto tras ser arrollado por un convoy. En realidad, James ya estaba muerto para entonces, cuando el tren cruzó por la vía y seccionó su pequeño cuerpo en dos partes.

El patólogo forense Alan Williams determinó que James presentaba cuarenta y dos heridas. La cantidad era tan elevada que afirmó no poder discernir cuál de ellas había sido la que le había causado la muerte. Además, sugirió posibles connotaciones sexuales en el caso, dado que el cuerpo fue hallado desprovisto de pantalones, ropa interior, calcetines y zapatos, y con indicios de manipulación y retracción del prepucio. Es posible que también le hubieran introducido pilas en el recto.

James había sido apaleado, roto, abusado y machacado hasta que apenas había quedado nada de él.

## EL DOLOR

Cuando Denise recibió la noticia de la muerte de su hijo, solo puedo gritar. Gritó de dolor y de desesperación. Gritó y gritó de nuevo, maldiciendo el instante en el que había soltado la mano de su hijo. Gritó por la incomprensión ante tanta maldad por parte de dos niños. Y gritó porque, de nuevo, uno de sus hijos había muerto en los primeros compases de su vida.

La policía accedió a las imágenes de baja resolución que capturaban el momento del secuestro de James en el centro comercial, estupefactos. Mientras se investigaban los detalles del espantoso asesinato, los medios de comunicación culparon a los testigos que habían observado la situación sin intervenir. En paralelo, el terraplén donde se encontró el cuerpo del pequeño James se convirtió en un altar improvisado, cubierto por cientos de flores que depositaron los residentes localcs.

El crimen sacudió las emociones de toda la ciudad de Liverpool. La familia de uno de los perpetradores fue detenida para ser interrogada, aunque luego fue liberada. Sus miembros se vieron obligados a abandonar la ciudad debido a la creciente presión pública.

La detención de los verdaderos culpables ocurrió cuando una mujer, tras ver imágenes de los dos niños en la televisión, reconoció a Venables. Sabía que se ausentó de la escuela ese día fatídico y decidió contactar con la policía, lo que dio como resultado el arresto de ambos niños. Lo que más asombró a los investigadores, liderados por el superintendente Albert Kirby, de la policía de Merseyside, fue la escasa edad de los asesinos. Los informes preliminares de los medios de comunicación y las declaraciones oficiales sugirieron que James había sido visto en compañía de dos «jóvenes», dando a entender que los asesinos eran adolescentes, no niños pequeños. Esto se debía a la dificultad de determinar la edad de los niños a partir de las imágenes del vídeo de seguridad del centro comercial.

En cuanto a las pruebas forenses, se confirmó que ambos niños tenían restos de la misma pintura azul en su ropa que la encontrada en el cadáver de James. Aunque los dos tenían manchas de sangre en sus zapatos, solo la muestra de Thompson coincidió con el ADN de James.

Tras ser detenidos, Jon Venables fue el primero en admitir su participación en el crimen. Manifestó con angustia: «Yo lo maté. ¿Qué le van a decir a su madre? ¿Pueden decirle que lo siento?». Venables mostraba claros signos de agitación, hasta el punto de gritar histéricamente que quería despojarse de su ropa porque le recordaba el olor del niño asesinado.

Por su parte, Robert Thompson adoptó una postura del todo diferente. Negó con vehemencia cualquier implicación en el crimen, pero se delató al proporcionar detalles específicos sobre la vestimenta que llevaba James Bulger el día del suceso. Thompson, mostrando una impasibilidad que helaba la sangre, preguntó si habían intentado «revivir» al pequeño en el hospital. La prensa lo apodó «el niño que no llora» y pronto se ganó el repudio del público, convirtiéndose en una de las figuras más odiadas de su país en ese momento.

Los dos menores fueron formalmente acusados del asesinato de James el 20 de febrero de 1993. Comparecieron ante la Corte Juvenil de South Sefton dos días después y permanecieron bajo custodia policial hasta que se celebró el juicio.

## CONSECUENCIAS

El juicio se inició el 1 de noviembre de 1993 y se prolongó tres semanas. Los acusados, a pesar de su corta edad, fueron juzgados como si fueran adultos. Para permitirles tener una visión clara de los procedimientos, se les ubicó en bancos elevados y especialmente ajustados a su corta estatura.

El fiscal del caso, Richard Henriques, defendió con firmeza que Venables y Thompson debían ser juzgados como adultos. En su argumentación, tuvo que cuestionar el antiguo principio legal anglosajón del *doli incapax* (es decir, «incapaz de delinquir»), que establece la presunción de que los niños menores de 7 años no pueden ser considerados responsables de sus actos, una presunción que podría extenderse hasta la edad de 14 años. Aunque Venables y Thompson contaban apenas con 10 años en ese momento, la Corte optó por alinearse con la posición de Henriques, argumentando que los acusados mostraban suficiente madurez como para comprender la gravedad de sus acciones. Este punto quedó reforzado cuando ambos intentaron encubrir su delito con múltiples falsedades.

Se consultó a la psiquiatra que atendía a Thompson sobre si su paciente tenía la capacidad de discernir entre el bien y el mal. Su respuesta fue clara: «Creo que sí». Susan Bailey, una reconocida psiquiatra forense que examinó a Venables, ofreció una opinión análoga.

Pero el debate en torno al principio del *doli incapax* no terminó con el juicio. En 1998, Inglaterra y Gales decidieron abolir este principio legal para niños con edades comprendidas entre 10 y 13 años, lo cual podría considerarse una validación de la postura de Henriques. Sin embargo, el tema ha seguido generando polémica a escala global. El asesinato de James se convirtió en un nuevo punto de inflexión que alimentó, a nivel internacional, discusiones y reconsideraciones sobre la responsabilidad penal juvenil.

Durante el proceso judicial, la policía reprodujo un total de veinte horas de entrevistas grabadas con los acusados, que optaron por no pronunciarse en público. Estas grabaciones pusieron en evidencia que Thompson ejercía un rol dominante en el dúo criminal. Laurence Lee, quien representaba legalmente a Venables en aquel momento, no escatimó palabras al describir a Thompson: «Es el individuo más temible que he tenido la desgracia de encontrar en mi vida profesional».

Denise, la madre del pequeño James, estuvo ausente durante gran parte del juicio. Se encontraba en las últimas etapas de su nuevo embarazo y se consideró muy arriesgado para su bienestar emocional y físico que permaneciera expuesta a los detalles atroces que se estaban desentrañando en la sala.

En su argumentación final, el fiscal hizo hincapié en que los actos de los acusados no eran aleatorios, sino premeditados. Argumentó que esto quedaba patente en un intento de secuestro previo que había fracasado, algo que se reconstruyó de la siguiente manera en el juicio: una familia estaba de compras en la tienda TJ Hughes cuando la madre notó que dos jóvenes intentaban llamar la atención de dos de sus hijos. Pocos minutos después, se percató de que su hijo de 2 años y su hija de 3 años habían desaparecido. Aunque logró encontrar rápidamente a su hija, su hijo seguía sin aparecer. La niña le informó que su hermano «se había ido afuera con un chico». Alarmada, la madre salió del establecimiento y comenzó a gritar el nombre de su hijo, localizándolo, por fin, en manos de Thompson y Venables, quienes estaban tratando de persuadirlo para que se alejara de allí con ellos. Al ver a la madre acercándose, los jóvenes criminales abandonaron con rapidez el lugar. Este incidente se utilizó como un indicativo sólido para demostrar que los acusados habían actuado con premeditación y alevosía.

Así, en noviembre de 1993, Thompson y Venables fueron declarados culpables de secuestro y asesinato. Por su corta edad, no recibieron una sentencia de prisión, sino que fueron internados en un reformatorio juvenil hasta cumplir la mayoría de edad. Se habían convertido en los convictos más jóvenes de la historia moderna de Gran Bretaña.

Cuando cumplieron 18 años en 2001, Jon y Robert fueron liberados bajo nuevas identidades. Se les prohibió regresar a Liverpool y se mantuvo el anonimato sobre su nueva vida.

En un principio, el juez estableció una pena mínima de ocho años de prisión para los acusados y permitió que sus nombres se hicieran públicos, una decisión que generó una gran controversia. En respuesta, el periódico *The Sun* lanzó una campaña en la que solicitaba un endurecimiento de las condenas, a raíz de la cual se recogieron hasta 280.000 firmas. Esta movilización popular surtió efecto y, en julio de 1994, se revisó la pena, fijándose en, al menos, quince años de encarcelamiento. Sin embargo, ese marco temporal no se mantuvo inmutable. Diversas apelaciones y posiciones contradictorias de los juristas y del sistema judicial fueron modificando ese umbral. En 1999, la Corte Europea de Derechos Humanos llegó a la conclusión de que el juicio no había sido correcto y calificó el tratamiento a los menores como «injusto y degradante». La familia Bulger, obviamente, discrepó con rotundidad ante esta perspectiva, argumentando que eran ellos quienes se sentían desamparados y humillados.

Robert Thompson fue enviado al Centro de Alta Seguridad y Rehabilitación Barton Moss, en Mánchester. Jon Venables fue confinado en Vardy House, en Saint Helens (Merseyside), una ubicación demasiado cercana a la residencia de la familia Bulger. A Venables, sus padres lo visitaban con regularidad, mientras que la madre de Thompson lo hacía cada tres días. A ambos se les proporcionó acceso a programas educativos y de rehabilitación.

Un grupo de expertos en psiquiatría, contratados por el equipo legal de la familia Bulger, concluyó que Thompson encajaba en el perfil clínico de un psicópata, dada su falta aparente de remordimientos.

En junio de 2001, justo antes de alcanzar la mayoría de edad, ambos fueron liberados y recibieron nuevas identidades. Ningún país aceptó acogerlos, lo que obligó a las autoridades a reubicarlos en lugares no divulgados dentro de Inglaterra. Se les proporcionó un nivel de anonimato equivalente al de los testigos protegidos, incluyendo historias clínicas ficticias, pasaportes y seguros. Las autoridades les impusieron ciertas condiciones: no podrían acercarse a la familia Bulger ni a la región de Merseyside y tendrían que mantener un contacto regular con los oficiales de libertad condicional. A los medios de comunicación se les prohibió estrictamente revelar cualquier detalle sobre sus nuevas identidades y ubicaciones.

En el año 2000, un equipo de psicólogos evaluó a Jon Venables, quien en ese momento tenía 17 años, y concluyó en un informe que el riesgo de que volviera a delinquir era bajo y que existían altas posibilidades de que se rehabilitara. Sin embargo, esta evaluación resultó errónea. Tras recuperar la libertad en 2001, Venables se sumió en un estilo de vida autodestructivo: comenzó a consumir alcohol y drogas, se involucró en la distribución de pornografía infantil y rompió la condición de no visitar la región de Merseyside, de donde era originario James Bulger.

En 2008, Venables fue arrestado de nuevo, esta vez por estar bajo los efectos del alcohol, por posesión de cocaína y por provocar altercados y peleas en la vía pública. A pesar de su vida secreta, confesó su verdadera identidad a algunos conocidos, pero en 2010, temiendo que su anonimato estuviera en peligro, llamó a su supervisor de libertad condicional. Cuando este llegó a su casa, lo encontró intentando destruir el disco duro de su ordenador con un cuchillo y un abrelatas. El supervisor confiscó el ordenador y en él se descubrieron 1.170 imágenes de pornografía infantil. Fue encarcelado de nuevo y, en mayo de 2011, se le concedió otro cambio de identidad debido a que su foto se había filtrado en las redes sociales.

Los padres de James Bulger, Denise y Ralph, se sintieron violentados por aquella decisión, solicitando que Venables permaneciera en prisión, pero sus peticiones no fueron atendidas. Su escepticismo sobre la posibilidad de reinsertar a Venables se vio confirmado cuando, en noviembre de 2017, fue detenido una vez más por posesión de pornografía infantil. Se declaró culpable y fue condenado a cuarenta meses de prisión.

A diferencia de Venables, Thompson ha mantenido un perfil bajo tras su liberación y parece que no ha reincidido en actividades delictivas. En 2006, estableció una relación de pareja con una persona del mismo sexo, quien se hallaba al tanto de su verdadera identidad, y se instaló en el noroeste de Inglaterra.

El programa de la televisión británica *The New Revelations* abordó las posibles razones que podrían haber impulsado a estos jóvenes a cometer tan atroz delito. Presentaron una teoría basada en los celos de Thompson hacia su hermano menor. Esta hipótesis fue respaldada por declaraciones de una cuidadora que estuvo con Thompson durante su detención. Ella señaló la sorprendente similitud física entre el hermano menor de Thompson y

James Bulger, destacando su misma edad, aspecto, ojos azules y pelo rubio. «Me llevó a pensar que podría haber algún nivel de rechazo hacia su hermano que estuviera vinculado con lo que hizo», indicó. Sin embargo, esta especulación sobre el móvil del crimen fue recibida con indignación por parte de Denise Bulger, quien declaró: «No puedo sentir empatía por los despiadados asesinos de mi querido hijo, que tenía solo dos años».

El caso James continúa siendo un tema de debate y análisis. En 2019, el documental irlandés *Detainment* recibió una nominación al Oscar en la categoría de Mejor cortometraje de ficción. El film, dirigido por Vincent Lambe, se basa en los interrogatorios reales a los acusados. Denise mostró su descontento al no haber sido consultada antes de la producción del documental. Una campaña iniciada por la organización Change.org pidió la retirada de la película de los Oscar, aunque el director rechazó la solicitud, argumentando que *Detainment* buscaba «entender por qué pasó lo que pasó».

En 2008, Denise fundó la organización caritativa James Bulger Memorial Trust. Esta entidad ofrece, entre otras cosas, vacaciones gratuitas a familias necesitadas y víctimas de violencia. Tanto Ralph como Denise se muestran críticos con un sistema legal que, según ellos, protege más a los criminales que a las víctimas.

Por otra parte, Anthony John Wixted fue condenado a nueve meses de prisión por publicar una foto y datos de la nueva identidad de Venables en Twitter. Otras personas también han sido condenadas por infringir la ley que prohíbe mostrar las caras de los asesinos.

Circulan rumores de que Venables podría recibir una nueva identidad y fondos para mudarse a Canadá. Otras opciones que se barajan para que abandone el país son Nueva Zelanda o Australia.

A pesar de que Ralph y Denise se divorciaron, se volvieron a casar y tuvieron más hijos, no han recuperado nunca una sensación de seguridad. Luchan por el derecho de saber bajo qué nombres e identidades se esconden los asesinos de James, argumentando que la sociedad tiene derecho a protegerse de ellos.

# ANÁLISIS DEL CASO

Realizar un análisis psicológico de Jon Venables y Robert Thompson, quienes apenas tenían diez años cuando cometieron un crimen tan espantoso, es un reto enorme. A esa edad, los niños aún están forjando su manera de pensar y entender el mundo, así que intentar descifrar por qué hicieron lo que hicieron no es nada fácil. Estamos hablando de niños que se encuentran en la fase de aprendizaje de las consecuencias de sus actos y que empiezan a desarrollar sentimientos como la empatía.

El caso es especialmente complicado e impactante. Quizá, el más complejo de todos los casos de este libro.

Ambos niños llevaron a cabo actos de violencia de una crueldad extrema contra James Bulger, un pequeño de dos años. Esto es algo que va más allá de lo que se espera del comportamiento infantil y que sacude las conciencias.

Sin embargo, a pesar de estas complejidades, es posible realizar un análisis reflexivo y detallado, teniendo en cuenta las limitaciones a la hora de evaluar la psicología de niños tan jóvenes y la naturaleza excepcional de este caso. Con todo, este análisis se centrará en explorar los factores externos y trastornos psicológicos que podrían haber influido en los respectivos comportamientos de Jon Venables y Robert Thompson, aunque cualquier interpretación debe abordarse con cautela y considerarse especulativa, dada la singularidad del caso.

## JON VENABLES

A partir de una investigación casi detectivesca, ha sido posible unir muchas de las piezas del puzle de la corta vida de Jon Venables. Desde entrevistas y comentarios extraoficiales de la gente que le rodeaba hasta documentos del proceso judicial y las opiniones de algunos expertos, como la doctora Susan Bailey, han servido para dibujar un retrato bastante completo del pequeño Venables. Cada dato ha sido útil y ha contribuido a aportar su granito de arena.

Jon era descrito por sus padres como un niño que, en general, se portaba bien, pero, a veces, tendía a la hiperactividad. A su madre, Susan, le preocupaba el acoso escolar y pensó que lo mejor para Jon era cambiarlo a otra escuela. En ese nuevo ambiente, Jon se hizo amigo de Robert Thompson, una relación que a Susan le generaba ciertas dudas porque sospechaba que ese niño podría estar influyendo de un modo negativo en su hijo.

En casa, Jon no lo tenía fácil. Su hermano mayor, Mark, arrastraba problemas de aprendizaje y del habla, y su hermana menor, Michele, también necesitaba cuidados especiales. Jon quizá se sentía un poco al margen o celoso por la atención que sus hermanos recibían de sus padres. Además, las continuas peleas y reconciliaciones de estos no ayudaban: le hacían sentirse inseguro y afectaban a su autoestima. Jon era muy protector y reservado respecto a lo que pasaba en su familia, como si quisiera esconder algo.

Cuando los médicos examinaron a Jon, vieron que no tenía ninguna discapacidad física o daño cerebral que explicara su comportamiento criminal. Decidieron que podía ser juzgado y los informes psicológicos mostraron que no sufría trastornos mentales graves, como depresión o alucinaciones. Aun así, Jon era un niño ansioso y emocionalmente delicado. Se alteraba con facilidad y le costaba hablar del asesinato. Le contó a su progenitora que tenía pesadillas horribles, con imágenes del crimen, y soñaba con salvar a James y devolvérselo a su madre.

Era crucial determinar si Jon comprendía la irreversibilidad de la muerte, lo cual afectaría su comprensión de la gravedad del crimen. Jon expresó una noción básica del cielo y el infierno y mostraba temor a la violencia en la televisión, apartando la vista ante escenas sangrientas.

Los psiquiatras observaron que Jon tenía una relación muy estrecha con su madre. Sus sueños e imaginaciones, como querer ser libre, transformar el mundo en una fábrica de chocolate y vivir siempre sin enfermarse, mostraban su deseo de escapar y tener poder y control. Esos anhelos eran muy diferentes a las circunstancias de su realidad cotidiana, donde se sentía vulnerable y angustiado. Admiraba a personajes fuertes y heroicos, como Rocky y Sonic the Hedgehog, lo que también reflejaba su anhelo de ser fuerte y no tener miedo.

## Comportamiento y desarrollo

Jon Venables mostraba un comportamiento inquietante en el colegio, que era un indicio de su estado psicológico antes del asesinato de James Bulger. Los profesores empezaron a notar, desde 1991, que tenía conductas extrañas, como hacer ruidos raros y portarse de forma descontrolada. Estas maneras de proceder se fueron intensificando hasta autolesionarse y mostrar actitudes destructivas, tanto hacia él mismo como hacia los demás, incluidos sus compañeros.

La situación familiar de Jon tenía mucho que ver con su actitud. Sus padres sufrían depresión y su madre era propensa a padecer ataques de histeria. Esto hizo que Jon creciera en un ambiente tenso desde el punto de vista emocional. La actitud controladora y a veces agresiva de su madre, junto con una relación complicada con su padre, afectó a su estabilidad emocional. Jon era sensible y se excitaba con facilidad, y a menudo reaccionaba de forma exagerada a las provocaciones de otros niños. A pesar de sus problemas de autoestima, quería ser aceptado por sus profesores y compañeros, aunque no lo conseguía.

Jon cambió de colegio porque su madre pensaba que lo estaban acosando. En el nuevo colegio, conoció a Robert Thompson, que era más tranquilo y manipulador que Jon. Aunque Robert parecía liderar el dúo, no era el más violento, pero juntos, eran capaces de sacar lo peor el uno del otro, agravando así su comportamiento problemático.

Aunque Jon y Robert faltaban a clase o hacían *bullying* y robaban en tiendas, no se los veía como demasiado peligrosos o que causaran mucho miedo. Esta percepción impidió captar la gravedad de su potencial para ejercer la violencia, lo cual condujo al trágico asesinato de James Bulger.

## ROBERT THOMPSON

La evaluación psicológica de Robert Thompson, realizada por la psiquiatra Eileen Vizard, junto con sus propias acciones y respuestas durante la reconstrucción del asesinato de James Bulger, proporciona una visión reveladora de su estado mental y emocional.

Thompson mostró una disposición inusual para recrear su versión del crimen, en la que se utilizaron muñecos que representaban a los personajes principales. Esta actitud contrasta con la de Jon Venables, quien se resistía a hablar sobre el asesinato. Al mover los muñecos, Robert describió cómo el «muñeco de Jon» atacaba con brutalidad al «muñeco de James», mientras que él, representado por el «muñeco de Robert», intentaba detener el ataque. Esta narrativa, donde se presenta impidiendo la violencia, podría indicar un propósito de desviar la culpa o una negación de su participación activa.

Sin embargo, cuando se le preguntaba sobre el daño sexual infligido a James, Robert se ponía a la defensiva y se negaba a representar esa parte del crimen con los muñecos. Esa actitud sugiere que tenía un conflicto interno o dificultad para aceptar ciertos aspectos del asesinato.

En cuanto a sus sentimientos hacia James, Robert no decía mucho, solo que era más callado que su hermano menor, Ben, y que llamaba a menudo a su madre. Afirmó que, a diferencia de Jon, a él sí le gustaban los bebés. También mostró una actitud agresiva hacia Jon en sus juegos con los muñecos, reflejando sentimientos complejos y tal vez contradictorios hacia James y Jon.

Sobre su familia, Robert se mostraba a la defensiva respecto al consumo de alcohol de su madre y contaba que tenía pesadillas recurrentes en las que era perseguido y atropellado por un coche, lo que podría indicar ansiedad o miedo a perder el control.

Los informes médicos indicaron que Robert poseía una inteligencia superior a la media, sin signos de enfermedad mental o depresión. No obstante, mostraba síntomas de trastorno por estrés postraumático, lo cual revela el impacto emocional del crimen o de su detención y procesamiento judicial.

La conducta y las reacciones de Robert en las sesiones psiquiátricas mostraban, por tanto, una personalidad compleja, con desapego emocional, manipulación en su forma de contar los hechos, conflictos internos sobre ciertos aspectos del crimen, sentimientos contradictorios hacia la víctima y su cómplice, y señales de trastorno de estrés postraumático. Todo ello sugiere que luchaba con la gravedad de sus actos y sus consecuencias emocionales.

## Comportamiento y desarrollo

Robert Thompson era considerado el más duro y también ejercía de líder, pero, en realidad, su comportamiento era más una respuesta defensiva que una agresión pura. Creció en un hogar difícil, con cinco hermanos mayores y una madre luchando contra el alcoholismo. Esta situación lo hizo más resistente y le enseñó a esquivar problemas en lugar de afrontarlos. Cuando se sentía atrapado, Robert mentía, lloraba o se rebelaba, mostrando así su conflicto interno.

La violencia y el abandono marcaron su vida familiar. Su padre, maltratador y abusador, abandonó a la familia y dejó a los hermanos mayores sin supervisión, en un ambiente de arbitrariedad y dominación. Su madre, Ann, escapó de un hogar presidido por el abuso, pero terminó sufriendo una situación similar. Sumida en la frustración y el miedo, perpetuaba el maltrato a sus hijos y encontraba refugio en el alcohol, obligando a los niños a mantener una lucha constante por sobrevivir.

La familia Thompson era conocida por la policía y los servicios sociales debido a su participación en actividades delictivas, y desarrollaron un rechazo hacia la autoridad. Robert, el quinto de seis hermanos, trataba de ser un buen hijo, ayudaba a su madre y cuidaba a su medio hermano Ben, mostrando así responsabilidad frente al caos familiar. Y, por ser un miembro de la familia Thompson, le colgaron la etiqueta de «astuto», más que considerarlo agresivo.

En la escuela, Robert era un alumno que parecía ausente y poco valorado por los profesores, y también lo evitaban sus compañeros, por lo cual quedó socialmente aislado hasta que se hizo amigo de Jon Venables.

A pesar de su intento por encajar en el estereotipo de «duro» debido a su apellido, Robert no era visto como violento. Deambulaba por las calles de noche, buscando libertad, mientras su madre trataba de impedírselo escondiendo sus zapatos.

La relación con su hermano menor, Ryan, muestra la repetición del ciclo de abuso en la familia. Aunque tenían un trato casi siempre tenso, compartían momentos de cercanía. Durante el juicio de Robert, Ryan comenzó a mostrar comportamientos perturbadores, como reflejo del impacto de la situación familiar.

La prensa especuló que Robert pudo haber iniciado el plan de secuestrar a un niño, quizá canalizando su rabia hacia su hermanastro menor. La teoría sugiere que James Bulger podría haber sido un «hermano sustituto» para Robert, un niño sobre quien ejercer poder y control.

Durante el juicio, Robert se enfrentó a una cobertura mediática negativa con una actitud desafiante y sin mostrar remordimientos, aunque parecía más bien una estrategia de supervivencia.

El periodista David James Smith señaló que, aunque Jon Venables mostró comportamientos más violentos, Robert no fue un mero espectador. Durante el interrogatorio, mostró preocupación por cómo podrían interpretarse sus acciones, lo cual sugiriere un estado emocional complejo.

En conclusión, y a pesar de su apariencia dura, Robert mantenía conductas infantiles, mostrando una lucha interna y una posible incongruencia entre su comportamiento y su verdadera naturaleza emocional. Su personalidad y modo de proceder en el juicio llevan a pensar en alguien que se sentía muy afectado por su entorno y circunstancias.

## CÓMO ES POSIBLE QUE DOS NIÑOS TORTURARAN Y ASESINARAN A OTRO

*¿Quién puede matar a un niño?* es una película española dirigida por Narciso Ibáñez Serrador en 1976. Considerada por muchos como una obra maestra del cine de terror, la trama se centra en la pérdida de la inocencia y en cómo los niños, a menudo vistos como símbolos de pureza e inocencia, pueden convertirse en agentes de violencia.

A pesar de que hay muchas otras obras que exploran hasta qué punto los niños pueden ser crueles y despiadados, incluso del todo inmorales o sociópatas (como *El señor de las moscas*, *El buen hijo* o *Los niños del maíz*), la idea de que todos los niños son puros e inocentes es un prejuicio muy extendido en la sociedad. La opinión pública británica tuvo que enfrentarse directamente a esta idea preconcebida.

Quizá para evitar asumir que hay niños que pueden ser tan crueles como un adulto y también para encontrar una explicación sencilla a los terribles hechos acontecidos, la prensa sensacionalista relacionó el crimen de James Bulger con la decadencia moral, la violencia en televisión y los videojuegos.

### Cómo pudo matar Jon

En el caso de Jon Venables, y también en el de Robert, su desarrollo moral y cognitivo como niños de diez años es clave para entender sus acciones. A esa edad, los niños aún están desarrollando su comprensión del mundo y de las implicaciones morales de sus actos. Aunque Jon entendía conceptos básicos como el de la muerte, quizá no podía valorar por completo las implicaciones y consecuencias permanentes de sus acciones. Esta limitación en su desarrollo podría haberlo llevado a actuar sin entender el daño irreparable que causaba.

La influencia de su relación con Robert Thompson también es importante. Jon, intentando encajar o impresionar a su compañero, es probable que fuera arrastrado a tener comportamientos que normalmente no consideraría apropiados. Esta necesidad de aceptación y aprobación por parte de un amigo como Robert habría sido decisiva a la hora de participar en actos contrarios a su moral o juicio habitual.

Los problemas emocionales y de autoestima de Jon también son relevantes. Estos factores sugieren que tuvo problemas para regular sus emociones y comportamientos de forma adecuada. La incapacidad para gestionar emociones intensas o descontroladas junto a una baja autoestima, quizá le llevó a tomar decisiones impulsivas y a ignorar las consecuencias a largo plazo.

La desconexión entre las fantasías de Jon y la realidad indica una posible lucha interna. La diferencia entre lo que imaginaba y lo que pasaba en el mundo real sugiere que Jon tuvo problemas para diferenciar entre sus pensamientos y sus acciones en el mundo exterior. Esta lucha interna o conflicto entre la realidad y el mundo imaginario podría haber afectado a su capacidad para tomar decisiones racionales.

El ambiente familiar y social complicado de Jon también tuvo un impacto significativo. Crecer en un hogar inestable, sin orientación y apoyo consistentes, puede afectar la habilidad de un niño para tomar decisiones morales y empáticas. Esa falta de un entorno seguro y estable en casa habría dejado a Jon sin las herramientas necesarias para desarrollar un sentido moral fuerte y empatía hacia los demás.

Por último, aunque Jon tenía una idea de la muerte, eso no significa que comprendiera el impacto que supone causar daño a otro ser humano o que sintiera empatía con este tipo de acciones. Entender un concepto de manera abstracta es muy distinto a procesarlo desde el punto de vista emocional, sobre todo, en el caso de un niño. Esta falta de comprensión sensitiva podría haber sido un factor clave en su incapacidad para apreciar la gravedad real de sus acciones.

## Cómo pudo matar Robert

Una de las características más llamativas en el caso de Robert es su aparente desconexión emocional. Esta se hizo evidente cuando se prestó a recrear el crimen, una acción que sugiere su capacidad para distanciarse emocionalmente de los hechos. Esta separación de los actos atroces en los que participó podría haber facilitado su involucramiento en el crimen sin una plena comprensión o apreciación del horror de sus acciones. Tal desconexión es a menudo un mecanismo de defensa psicológico, utilizado para manejar experiencias o acciones que son demasiado perturbadoras para procesarlas de manera emocional.

Sin embargo, este distanciamiento sensitivo no tiene por qué implicar una ausencia total de conflicto interno. De hecho, la actitud defensiva de Robert y su agitación al tratar ciertos aspectos del crimen sugieren que estaba luchando contra sentimientos internos complejos, quizá incluso con la culpa. Este conflicto puede ser indicativo de una conciencia, aunque sea parcial, de la gravedad de sus acciones, lo que contradice su aparente desconexión emocional.

Además, su manera de describirse tratando de detener a Jon durante la recreación del crimen podría interpretarse como un intento de negar su propia culpabilidad, y esto parece un indicio de que, en algún nivel, Robert estaba luchando contra la aceptación de su papel en el asesinato. Este tipo de negación es común en individuos que han participado en actos criminales, como una forma de protegerse de la plena realización y responsabilidad de sus acciones.

El entorno familiar de Robert Thompson también tuvo un papel crucial en su desarrollo emocional y moral. El hecho de vivir en un ambiente difícil, plagado de alcoholismo, violencia y abuso por parte de sus hermanos pudo haber influido en su desconexión emocional y en su formación moral. Las circunstancias de su familia quizá crearon un entorno donde las normas y valores morales eran confusos o inconsistentes, lo que es probable que afectara su habilidad para desarrollar un sentido claro del bien y del mal.

Los signos de trastorno por estrés postraumático en

Robert indican que el crimen tuvo un impacto psicológico profundo y duradero en él. Este trastorno, que suele ser resultado de experiencias traumáticas, se manifiesta de varias maneras, incluyendo la desconexión emocional, problemas con la ira y agitación, y dificultades para regular las emociones. Esto sugiere que, aunque participó en el crimen, Robert experimentó un trauma significativo como resultado de sus actos.

En resumen, el perfil psicológico de Robert Thompson es el de un joven atrapado entre una desconexión emocional, que le permitió participar en un acto terrible, y un conflicto interno, que refleja una lucha contra la culpa y la comprensión de lo que hizo. Su problemático ambiente familiar y los síntomas de trastorno de estrés postraumático dibujan la imagen de un niño profundamente afectado tanto por su entorno como por sus propias acciones.

## INFLUENCIA SOCIAL ENTRE NIÑOS ASESINOS

La interacción entre Jon Venables y Robert Thompson, y cómo esta influencia mutua pudo haber exacerbado sus tendencias hacia comportamientos negativos son aspectos clave para la comprensión del trágico asesinato de James Bulger.

A continuación, analizaremos los factores más importantes en los que se sustenta esta interacción.

## Potenciación de conductas negativas

La relación entre Jon Venables y Robert Thompson, caracterizada por la influencia y la validación recíprocas, parece haber propiciado un ambiente óptimo para intensificar comportamientos negativos. En situaciones donde, a título individual, podrían haber actuado de manera distinta, juntos hallaron una suerte de «valentía» distorsionada que los llevó a cometer actos que quizá hubieran evitado por separado. Esta dinámica, común en parejas o grupos delictivos, puede empujar a las personas a sobrepasar límites que quizá no cruzarían si actuaran solos.

## Búsqueda de aprobación

En la dinámica establecida entre Jon Venables y Robert Thompson, la presión de grupo y la necesidad de aprobación tuvieron un papel clave. Para Jon, el deseo de encajar e impresionar a Robert fue quizá un fuerte factor motivador, empujándolo a actuar de forma que buscara el reconocimiento de su compañero. De manera similar, Robert, influenciado por la presencia y acciones de Jon, acaso se sintió obligado a comportarse de manera que reafirmara su rol en la relación. Este afán de aprobación mutua y el deseo de impresionarse el uno al otro podrían haberlos conducido a intensificar sus comportamientos hasta alcanzar extremos trágicos.

## Escalada del comportamiento violento

La combinación de luchas internas, tanto de Jon como de Robert, con la influencia que ejercían el uno sobre el otro, creó un entorno propicio para la escalada de la violencia. Los problemas individuales de cada niño, desde la inestabilidad emocional hasta los conflictos familiares, se entrelazaron de manera que amplificaron su capacidad para el comportamiento violento. En lugar de moderarse mutuamente, se impulsaron a ir más allá, culminando en un acto de violencia extrema.

## Conflictos familiares y antecedentes

Los entornos familiares de Jon Venables y Robert Thompson, marcados por la inestabilidad, por los problemas emocionales y por la ausencia de un apoyo adecuado, tuvieron un papel relevante en la configuración de sus conductas. Al crecer en ambientes donde la violencia, el abuso emocional o el descuido eran habituales, esos factores quizá influyeron en su percepción del mundo y en cómo respondían ante él. Estos antecedentes tumultuosos no solo crearon las condiciones para el desarrollo de problemas de comportamiento, sino que también contribuyeron a la falta de estrategias adecuadas para afrontar algunas situaciones, lo cual derivó en reacciones impulsivas y en una carencia de empatía.

## Posible fascinación con el terror y Chucky

Neil Venables, el padre de Jon, ha sido descrito en algunos informes como un aficionado a las películas de terror y se ha especulado que Jon pudo haber estado expuesto a este tipo de contenido, aunque no existe ninguna certeza al respecto. En particular, se ha mencionado la película *Muñeco diabólico 3*, que formaba parte de la serie de películas de Chucky, un muñeco poseído por el espíritu de un asesino en serie que comete actos violentos.

El asesinato de James Bulger cometido por Jon Venables y Robert Thompson contenía elementos que algunos han interpretado como influenciados por este tipo de películas. Uno de los aspectos más inquietantes y perturbadores del crimen fue el acto de introducir pilas en el cuerpo de James, concretamente en el recto, lo que ha sido visto por algunos como un acto que simboliza tratar al niño como si fuera un muñeco o un juguete. Esta acción puede interpretarse como una manifestación de deshumanización de la víctima, reduciéndola a un objeto inanimado similar a un juguete, en lugar de reconocerla como un ser humano vivo y sensible.

Además, aunque no se ha confirmado si Jon Venables había visto la citada película, resulta llamativo que, en una escena del filme, el muñeco es salpicado por pintura azul, un detalle que coincidía con elementos del crimen real. Asimismo, durante los interrogatorios, ambos acusados sugirieron que la película había ejercido cierta influencia sobre ellos.

Esta interpretación lleva a pensar que la exposición de

Jon a películas de terror podría haber influido en su percepción y tratamiento de James Bulger durante el crimen.

Sin embargo, es crucial subrayar que la relación entre el consumo de medios violentos y el comportamiento violento en la vida real es compleja y no implica una causalidad directa. Muchos individuos consumen contenido de terror o violento —por ejemplo, yo mismo— y eso no significa que se vean involucrados en actos de violencia.

## ¿EL ASESINO NACE O SE HACE?

Hasta la fecha, no se ha llegado a un consenso definitivo sobre las causas del crimen, lo que nos lleva a plantearnos preguntas más profundas: ¿cómo aprenden los niños a diferenciar lo que es correcto de lo que no lo es? ¿La moral es algo que viene instalada de serie en nuestro ADN? Si bien estas preguntas no tienen una respuesta inequívoca, contamos con algunas pistas.

Sabemos que los niños aprenden lo que es moral e inmoral mediante una cuidadosa observación de su entorno, a fin de adaptarse al contexto sociocultural en el que han nacido. Los niños observan las consecuencias negativas de comportamientos desaprobados y generalizan esta cualidad a otros actos. Pero, aunque ese aprendizaje es importante, incluso los bebés ya muestran aversión hacia el comportamiento antisocial antes de recibir cualquier educación por parte de los padres. De hecho, desde muy pequeños, manifiestan su animadversión hacia los personajes que intentan hacer daño. Es precisamente esta intuición temprana de los niños sobre la cooperación y la justicia lo que les ayuda a recibir una correcta educación sobre valores morales.

Así que podemos afirmar que todos los seres humanos nacen con un mecanismo instalado de serie que les permite aprender sobre moralidad, una especie de detector de información relevante para la moral. Quienes carecen de este mecanismo son los psicópatas, pues solo intentan evitar el castigo mientras buscan su propio interés, incluso si eso implica explotar o dañar a otros.

Entonces, la pregunta relevante es: ¿por qué surgen los psicópatas? ¿Hay determinadas circunstancias que favorezcan su proliferación? Aunque hay gran cantidad de evidencia científica sobre los patrones específicos de activación cerebral, los perfiles hormonales y los modos de pensamiento asociados al comportamiento psicópata, no sabemos la razón que lleva a proceder de ese modo. Es probable que la causa sea multifactorial: nacer en familias disfuncionales; consumo de alcohol, tabaco y estupefacientes durante la gestación; alta exposición al plomo en el ambiente y otros neurotóxicos, y un largo etcétera. También parece que la mayoría de los niños que cometen crímenes han sufrido abusos físicos y sexuales.

**Plomo y crimen**

Durante la mayor parte del siglo XX, el plomo fue un componente común de la gasolina y la pintura en muchos países. La exposición a este metal tóxico era, por lo tanto, generalizada, sobre todo, en áreas urbanas con tráfico denso. El plomo tiene la capacidad de cruzar la barrera hematoencefálica y afectar negativamente al cerebro. En niños, la exposición al plomo puede causar daños en el desarrollo cerebral, lo que provoca problemas de comportamiento, déficits de atención y menor inteligencia. Así, varios estudios han correlacionado la eliminación gradual del plomo de la gasolina y la pintura con la disminución de las tasas de criminalidad en las décadas siguientes. De hecho, según datos de un estudio de Bjorn Larsen realizado a nivel mundial, la exposición al plomo aún está relacionada con más de 5,5 millones de muertes cardiovasculares en adultos en 2019, así como con la pérdida de 765 millones de puntos de cociente intelectual en niños menores de cinco años.

Como la causa de la psicopatía, y de la violencia, es multifactorial, también la solución debería serlo. Así, el caso James Bulger es un recordatorio trágico de que la sociedad debe proteger mejor a sus niños, tanto víctimas como victimarios, y comprender las causas profundas de la violencia para prevenirla. Con políticas adecuadas, es posible romper el ciclo de violencia y dar esperanza a nuevas generaciones, incluso en contextos sociales adversos.

## Conclusión

El caso de James Bulger es de esos que te dejan con un nudo en el estómago. Es horrendo e incomprensible. Te hace preguntarte cómo es posible que niños tan jóvenes lleguen a ser tan crueles. Esto nos empuja a reflexionar acerca de si el mal es algo con lo que nacemos o se va gestando con el tiempo.

¿Qué llevó a estos dos niños a cometer un crimen tan horrible? ¿Todos tenemos algo oscuro dentro que podría salir a flote en ciertas circunstancias? ¿O, tal vez, fue solo un encuentro desafortunado de dos psicópatas en potencia que aún eran niños? Son preguntas que nos obligan a reflexionar en profundidad sobre el mal.

¿Llegó a significar algo para ellos la muerte de James? ¿O ese niño de rostro angelical solo era un muñeco, un juguete?

Las muñecas son tan valiosas como desechables. Por mucho que una muñeca sea un regalo preciado, también es algo que los niños se sienten obligados a desmontar antes de desprenderse de ella. Los mercadillos están llenos de muñecas desechadas, a menudo, sin vestidos y desmembradas. Les faltan la cabeza o los brazos y algunas tienen garabatos de lápiz de colores en la cara. ¿Es eso lo que fue James para los asesinos?

Asimismo, debe tenerse en cuenta su *background* conflictivo y, por supuesto, el hecho de haber crecido en un entorno complicado y sufrir abusos en la infancia, lo que puede marcar a alguien y llevarlo a cometer acciones extremas. Pero, incluso sabiendo eso, el asesinato de Bulger parece ir más allá. No todos los niños que crecen en situaciones difíciles terminan haciendo algo tan atroz. Si fuera así, viviríamos en un auténtico caos.

El caso de Bulger nos pone cara a cara frente a una realidad dura: hay actos tan brutales que se resisten a cualquier explicación. Aunque intentemos entenderlo, siempre habrá partes de este caso que no logremos comprender del todo. Nos deja con preguntas complicadas sobre lo que somos como seres humanos y sobre el origen del mal, preguntas que quizá nunca tengan una respuesta clara y completa.

Después de profundizar en todos los factores que rodearon el asesinato de James Bulger, la conclusión sería que el castigo de Jon y Robert resultó demasiado benevolente para el terrible crimen que cometieron, pero no es menos cierto que fueron también víctimas de sus propias circunstancias.

# 4

# LAS BRUJAS DE SAN FERNANDO (España, 2000)

## CULTURA GÓTICA Y BRUJERÍA

*Impulsadas por su devoción a los ritos satánicos, Iria Suárez y Raquel Carlés invitaron a unas cervezas a una amiga del instituto, Klara García, y le asestaron treinta y dos puñaladas.*

En el año 2000, España estaba experimentando una particular época de prosperidad económica y estabilidad política. A nivel político, el país estaba gobernado por el Partido Popular, bajo la presidencia de José María Aznar, quien llegó al poder en 1996 y fue reelegido en marzo de 2000 con mayoría absoluta.

Dos años después, la peseta sería sustituida por el euro.

En el ámbito de la literatura, autores como Arturo Pérez-Reverte (*La carta esférica*) y Almudena Grandes (*Atlas de geografía humana*) gozaban de una grandísima popularidad. Las salas de cine se llenaban para ver *Gladiator*, *El protegido*, *American Psycho* o *Náufrago*.

Ese mismo año, se estrenó la primera edición de *Gran Hermano*, el *reality show* que cambiaría la forma de hacer televisión en España. La audiencia vivió con intensidad la convivencia de los participantes y fue un fenómeno social y de audiencia.

Y sin que nadie lo supiera aún, aunque algunos lo sospechaban, se estaban sentando las bases de lo que sería una futura crisis económica, con una burbuja inmobiliaria en modo «crecimiento desbocado».

## LAS TRES AMIGAS PERFECTAS

En la tranquila localidad gaditana de San Fernando, bañada por las suaves olas del Atlántico, tres amigas asistían al Instituto de Educación Secundaria Isla de León.

Una de ellas, Klara María García Casado, era hija del suboficial de la marina José Antonio García y María Casado Filgueira. Klara, una joven de semblante apacible y ojos soñadores, no tardaría mucho en trabar amistad con Raquel Carlés Torrejón e Iria Suárez, sus compañeras de clase. Juntas compartían risas, confidencias y el camino diario a la escuela.

Raquel e Iria representaban una mancha en la rica paleta cromática de San Fernando. Sus vestimentas góticas, siempre en tonos oscuros, atraían miradas curiosas y murmullos silenciosos. Se declaraban fanáticas del espiritismo e incluso tallaron en sus pupitres una güija, el tablero que era su puerta a un mundo más allá de lo tangible. Klara las observaba, a veces con fascinación, a veces con recelo. Sus travesías al otro lado, a través de las sesiones de güija, eran relatos que compartían en los recreos, entre las sombras de los árboles que rodeaban el instituto.

Al principio, Klara iba más a su aire. Una compañera de clase contaba que el primer día de tercero de ESO, al sentarse con ella en el mismo pupitre, descubrió a una chica muy servicial que disfrutaba dibujando unicornios y otras representaciones que transmitieran felicidad.

Después del terrible crimen, esa misma compañera sospechaba que fueron Iria y Raquel quienes se acercaron a Klara porque era fácil de convencer, porque podían moldearla a su gusto. Y lo hicieron, ya que sus dibujos dejaron de ser tan felices y su atuendo, menos colorido. Incluso su forma de maquillarse empezó a ser más radical, más agresivo.

Así que Raquel, Iria y Klara comenzaron a vestir igual, con ropa más oscura, con la típica estética gótica de la época. Siempre iban las tres juntas, no se las veía interaccionar con otra gente.

Según uno de sus profesores, las tres tenían algo especial. Además, necesitaban sentirse ellas mismas, ser distintas, contestatarias, rebeldes, ácidas, suspicaces. Lo convencional no iba con ellas. No eran iguales, pero encajaban la una con la otra.

Klara tenía mucha facilidad para conectar con la gente. Era una persona inteligente y madura, echada para adelante, y podía hablar con cualquiera de cualquier cosa. Se la podía calificar de extrovertida, abierta y amable.

Iria era la inteligencia. Cuando hablaba, se notaba que solía pasarse muchas horas pensando y alumbrando ideas diferentes a las del resto de la clase. Su carácter era fuerte, pero no acostumbraba a expresarse abiertamente, lo hacía a través de Klara, que era la portavoz del grupo.

Raquel era la menos inteligente de las tres, la más sencilla. Casi funcionaba como la argamasa del grupo. Era como la palmera, la que te acompaña cuando tú tienes una ocurrencia, la que te presta apoyo moral.

Siempre estaban las tres juntas, en un clima de mucha intimidad, de intensa amistad y un poco diferenciadas del resto de la clase. Su profesor de Ética daba por primera vez clase aquel año y enseguida se dio cuenta de ello. También fueron sus alumnas más especiales. Conectó con ellas desde un primer momento. El aprecio era mutuo, quizá por su forma de explicar las clases o por su juventud. La cuestión es que le regalaron un cómic dibujado por ellas en el que él aparecía con una botella de cerveza en una mano, un cigarrillo en la boca y un libro de Kant debajo del brazo. Además, el atuendo era de superhéroe. Pero los caminos de amistad empezaron a bifurcarse cuando Klara, cuyos dibujos de unicornios y criaturas mágicas contrastaban con las sombras que Raquel e Iria perseguían, conoció a Manuel.

Manuel era el polo opuesto al oscuro mundo que sus amigas exploraban. Su sonrisa franca y abierta, casi inocente, era la promesa de un camino diferente, lleno de luz y colores vivos. Klara se sumergió en un nuevo capítulo de su vida, dejando atrás las sesiones de espiritismo que ahora le parecían sombrías y aterradoras.

La noticia de que Raquel tendría que repetir curso cayó como una jarra de agua fría sobre el trío. Lloraron juntas, abrazadas bajo el viejo sauce que presenciaba en silencio las idas y venidas de los estudiantes. Pero la tormenta no pasó y, con el tiempo, las gotas de rencor empezaron a acumularse en los corazones de Raquel e Iria. Veían en la actitud de Klara una traición velada, un alejamiento que les dolía en lo más profundo.

La locura afloró entonces, cuando Iria y Raquel comenzaron a escaparse de la realidad. Crearon un mundo aparte con reglas propias donde solo existía la brujería, el terror y la muerte. Estaban a punto de escribir la página más negra de sus vidas.

Poco a poco, Iria y Raquel empezaron a tejer su propia realidad, extramuros del mundo. Eran dos adolescentes jugando a ser capaces de hacer cosas que nadie se atrevía a llevar a cabo. Incluso jugueteaban con la idea de traspasar líneas morales que podrían ser castigadas con la cárcel. «¿Qué se debe de sentir matando a una persona?», llegaron a preguntarse.

En la soledad de su habitación, Iria, la más silenciosa y pensativa, poseía un altar dedicado a un dios no nombrado: un viejo ordenador que ejecutaba MS-DOS, un fósil tecnológico ignorado por la modernidad de Windows. Allí, oculta de las miradas indiscretas, escribía cuentos que eran más que letras en una pantalla: eran presagios, invocaciones.

El disco duro de aquel artefacto guardaba treinta y cinco relatos, cada uno más perturbador que el anterior. Historias de asesinato que no eran meras fantasías, sino ensayos meticulosos de la voluntad más siniestra. Entre ellos, uno destacaba frente a los demás. Había sido escrito tres meses antes del asesinato y, en él, Iria había trazado el destino de su propia realidad con la precisión de un oráculo.

El cuento narraba la historia de cuatro amigas, tejedoras de conjuros y unidas por la sed de poder y la oscuridad. Pero el poder es un veneno que corroe la lealtad y cuando una de ellas, la menos devota, decidió alejarse, las otras tres, movidas por un pacto silente, decidieron que debía ser sacrificada.

El cuento termina así: la noche del asesinato, cuando la policía irrumpe en la realidad de Iria y Raquel, los agentes encuentran a muchachas inmóviles, serenas, casi desafiantes. Y una de ellas dice: «No te preocupes, que a nosotras no nos va a pasar nada porque somos menores de edad y, además, tenemos una enfermedad mental que se llama "psicopatía"».

Como si el cuento fuera una invocación, en la penumbra de habitaciones cerradas, Raquel e Iria pulían una idea macabra que había germinado en sus mentes como una semilla venenosa. La correspondencia entre ellas era un espejo del oscuro abismo en el que estaban sumergidas. En diciembre de 1999, las palabras de Iria resonaron en el corazón de Raquel como un eco siniestro: «¿Quieres matar? Lo haremos, solo dime a quién...».

La idea de matar se volvía cada vez más real, más tangible. Las palabras de José Rabadán, el joven que había asesinado a su familia en Murcia con una *katana* y que todos conocían ya como «el asesino de la *katana*», resonaban en sus mentes. Le escribieron cartas, buscando en él una guía, una validación para el acto que planeaban cometer. El teléfono de la prisión donde Rabadán estaba encerrado se convirtió en un número frecuente en sus registros telefónicos. Si él había podido traspasar la barrera de lo prohibido, ellas también podrían.

La elección de Klara como víctima no fue casual. Su alejamiento, su nueva vida con Manuel eran una traición que no estaban dispuestas a perdonar. Klara, ahora, representaba todo lo que ellas despreciaban, una normalidad que les repugnaba.

Un día, mientras Klara dibujaba en su cuaderno bajo la sombra de un árbol, Raquel e Iria, vestidas con sus habituales ropas oscuras, se acercaron a ella. Sus rostros eran una máscara de indiferencia, pero sus ojos ocultaban un océano de negrura. Invitaron a Klara a una reunión, un último intento de reavivar la amistad que una vez compartieron. Klara, aunque en principio se mostró reacia, al final, aceptó. No podía negar la nostalgia que sentía por los días pasados, por la amistad que las había mantenido unidas.

Mientras el sol se ponía, tiñendo el cielo con tonos rojizos, las tres jóvenes se dirigieron al antiguo Parque de El Barrero. Klara no podía imaginar que ese sería el escenario del acto que cambiaría sus vidas para siempre.

La noche del viernes, 26 de mayo de 2000, el cielo nocturno se extendía sobre las tres amigas como un manto infinito, salpicado de estrellas centelleantes. La luna, en su fase menguante, arrojaba una luz suave sobre el Parque de El Barrero, donde Klara, Raquel e Iria se encontraban tumbadas sobre el césped. Las risas se mezclaban con el murmullo lejano de la ciudad, mientras las tres jóvenes compartían recuerdos y bebían cerveza.

Klara, aunque aún se sentía algo intranquila, empezó a relajarse. La nostalgia del pasado, el cariño que una vez compartió con sus amigas parecía estar regresando, aunque fuera solo por esa noche. Raquel e Iria, con sonrisas ensayadas, le sugirieron que cerrara los ojos y compartiera cualquier pensamiento que cruzara por su mente mientras observaban las estrellas.

El silencio de la noche fue el telón de fondo del relato de Klara, que hablaba de esperanzas y sueños, de amor y del futuro brillante que vislumbraba junto a Manuel.

Mientras sus palabras fluían, Raquel e Iria intercambiaron una mirada de complicidad macabra.

Con una sincronización ensayada, Iria se movió rápidamente, sujetando a Klara por detrás y tapándole los ojos, mientras Raquel sacaba una navaja afilada de su bolsillo. Klara apenas tuvo tiempo de reaccionar antes de que la fría hoja se hundiera en su carne. Los gritos de Klara se perdieron en el vacío de la noche, mientras Raquel la apuñalaba una y otra vez, con una furia frenética que parecía no tener fin. Iria la sostenía con fuerza, impidiendo que escapara, y le gritaba a Raquel: «¡Sigue, sigue, sigue!».

La hoja de la navaja se hundió con reiteración, hasta que un tajo final en el cuello de Klara puso fin a la tortura. Klara yacía degollada sobre el césped y, de sus múltiples heridas, manaba abundante sangre, tiñendo la tierra de un carmesí oscuro.

Con la misma frialdad con la que habían ejecutado el asesinato, Raquel e Iria abandonaron el cuerpo sin vida de Klara y se perdieron en la oscuridad de la noche. Se dirigieron a casa, donde se ducharon y se cambiaron de ropa antes de salir a celebrar su sangrienta hazaña. A pesar de la atrocidad cometida, las asesinas sentían una satisfacción perversa: un objetivo cumplido que celebraron entre risas y brindis en la penumbra de un bar.

## EL HALLAZGO

José Antonio denunció la desaparición de su hija a primera hora de la mañana, a las ocho y media del sábado, 27 de mayo. Después de mantener una conversación con Manuel, informó a la policía, muy alterado, de que Klara nunca había dejado de ir a su hogar por las noches, subrayando así el carácter excepcional del suceso.

La actuación policial comenzó con las pesquisas habituales y se procedió a entrevistar al novio de Klara. Este corroboró la versión que, con anterioridad, había dado a los padres: la joven tenía planeado encontrarse con sus amigas Raquel e Iria la noche de su desaparición. Además, reveló que, en la madrugada del mismo sábado, se cruzó con las citadas amigas y les preguntó por Klara. Ellas, con total tranquilidad, le indicaron que al final no había acudido al encuentro. Ante esa respuesta, Manuel asumió que su novia estaría con otro grupo de amigos.

Con la información obtenida, las autoridades iniciaron la búsqueda de Klara y, alrededor de las dos de la tarde, la encontraron sin vida en el Parque de El Barrero.

Los agentes no tardaron en localizar a Raquel e Iria, quienes fueron trasladadas a la comisaría de policía.

Los padres de Klara, que tenían el corazón hecho trizas, se cruzaron con ellas en la propia comisaría. José Antonio, con los ojos enrojecidos, clavó su mirada en Raquel y le preguntó con una voz que apenas era un susurro: «¿Qué le has hecho a mi hija?». Raquel, demostrando una frialdad que helaba la sangre, respondió: «Yo no he sido». La madre de Klara, en un arrebato de furia y desesperación, agarró a Iria por los pelos.

En la sala de interrogatorios, las dos amigas expusieron sus coartadas.

Las interrogaron por separado para comprobar si existía cualquier mínima discrepancia en sus respectivas versiones de lo sucedido. En una habitación, Iria se retorcía nerviosa en su asiento, mientras el médico forense Agustín Sibón examinaba con detenimiento una herida en su antebrazo. Cada línea y cada contorno de la herida parecían contar una historia que Iria temía que se revelara. Cuando el doctor Sibón mencionó el patrón común entre las heridas de Klara e Iria, la máscara de desapego en el rostro de la joven se desmoronó por un instante, revelando un vislumbre de pánico.

En la habitación contigua, el aire se viciaba con el humo de los cigarrillos de Raquel. Pero entonces, en un desliz, escapó de sus labios una pregunta clave: «¿Qué podría pasarle al que hubiese matado a mi amiga?». En ese instante, un silencio sepulcral planeó sobre la sala de interrogatorios. Raquel, atrapada en su propio comentario, dejó caer como una losa las siguientes palabras: «Nosotras hemos matado a Klara».

El policía, con el pulso acelerado, cruzó el umbral hacia la sala donde Iria esperaba. Esta continuaba aferrándose a un hilo de esperanza de que su secreto permaneciera oculto. Pero las palabras del agente hicieron añicos esa expectativa: «Raquel ha hablado».

La confesión hizo que Iria ya no pudiera mantener más la compostura y también confesó.

No había lágrimas, no había remordimientos, solo un relato escalofriante de cómo habían planeado y ejecutado la muerte de su amiga.

«Queríamos experimentar qué se sentía», dijeron con una calma que helaba la sangre. Querían sentir el acero hundiéndose en la carne, la vida escapando de los ojos de Klara. Y, con ese acto de crueldad desmedida, ansiaban la fama, una notoriedad oscura que les procurara un lugar en el panteón de la infamia.

La navaja que se encontró en la casa de Raquel, clavada en una maceta como un grotesco trofeo, era solo la punta del iceberg del oscuro mundo que habían explorado. La güija, los libros de brujería y la correspondencia con un asesino convicto, eran las piezas de un rompecabezas macabro que ahora comenzaba a encajar. Los escritos de Iria, una ventana a una mente atormentada, revelaban una fantasía siniestra que se había entrelazado con la realidad. Demon, su demonio guardián, era un compañero en su viaje hacia la oscuridad, una entidad que la consolaba en los momentos de soledad.

Mientras las autoridades trataban de desentrañar la maraña de evidencias, los expertos psiquiátricos intentaron dilucidar los hilos retorcidos de envidia y obsesión que condujeron a Raquel e Iria a perpetrar aquel crimen. La historia corrió como la pólvora por San Fernando y, poco después, por toda España. Aquellas dos adolescentes ya se habían convertido en las «Brujas de San Fernando».

## CONSECUENCIAS

El proceso judicial también reveló que Raquel e Iria intentaron cometer otro homicidio en abril, en los aseos del centro comercial Bahía Sur, en San Fernando, donde trataron de matar a una mujer embarazada que trabajaba allí.

El intento fracasó cuando la víctima percibió algo extraño y logró escapar, un incidente que entonces fue interpretado como un conato de robo.

En marzo de 2001, Raquel e Iria se convirtieron en las primeras personas sentenciadas conforme a la Ley del Menor, vigente en España desde enero de ese mismo año. Esta ley solo considera adultos a los que tienen dieciocho años en el momento de cometer un delito. Esta norma evitó que Iria y Raquel, que estaba a pocos meses de la mayoría de edad, se enfrentaran a una pena de 25 años de cárcel.

La Ley Orgánica 5/2000, de 12 de enero, reguladora de la responsabilidad penal de los menores, conocida comúnmente como Ley del Menor, es una normativa española que establece cómo deben ser tratados los delitos cometidos por personas menores de dieciocho años. La ley se creó en el contexto de un esfuerzo por establecer un sistema específico de justicia juvenil que diferenciara entre menores y adultos en el derecho penal, con un enfoque más centrado en la educación y la reinserción social de los jóvenes delincuentes.

Algunos de los casos más polémicos han generado un intenso debate público sobre si la ley es demasiado indulgente y si debería ser reformada para permitir sanciones más duras en ciertas circunstancias. Por ejemplo, es lo que ocurrió, en 2009, en el caso de Marta del Castillo, una adolescente sevillana cuya desaparición y asesinato conmocionó al país; o, en 2003, en el caso de Sandra Palo, una joven madrileña que fue secuestrada, violada y asesinada.

De este modo, las asesinas fueron condenadas a una pena de ocho años de reclusión en un centro de menores cerrado, seguidos de otros cinco años bajo régimen de libertad vigilada.

Esta sanción representa el castigo más severo que la mencionada ley estipula para un menor que ha cometido asesinato con premeditación y alevosía. El magistrado encargado del caso dictaminó que las jóvenes tenían plena conciencia de sus actos y diferenciaban claramente lo justo de lo injusto, así como lo moral de lo inmoral.

La primera aplicación de la nueva Ley del Menor generó una profunda polémica en España y originó manifestaciones de personas indignadas por lo que consideraban unas condenas demasiado leves. La opinión pública se alineó con los padres de la víctima, Klara, exigiendo un juicio más riguroso. Este debate perduró durante años en la sociedad española.

Al final, tanto Raquel como Iria obtuvieron beneficios penitenciarios antes de cumplir la mitad de su condena. En 2005, ambas pasaron a un régimen semiabierto, permitiéndoles salir para trabajar, pasear o estudiar.

Iria Suárez empezó a disfrutar de este régimen en un centro de menores en Galicia. Por su parte, Raquel fue liberada, en julio de 2005, de un centro de menores. El magistrado Enrique Ramírez Manchón, titular del Juzgado de Menores de Cádiz, le concedió la posibilidad de residir en un hogar tutelado.

A diferencia del sistema legal británico, la legislación española no prevé otorgar una nueva identidad a menores delincuentes. Por lo tanto, las homicidas continuaron usando sus nombres reales y su historial de violencia fue borrado de los archivos policiales.

Ante esta situación, el padre de Klara expresó sentirse «indefenso, indignado e impotente». María Casado, madre de Klara, calificó al juez de «sinvergüenza» y acusó al sistema de provocarlos para que fueran ellos quienes acabasen encarcelados en caso de tomarse la venganza por su mano. Según declaró a *El País* el 4 de noviembre de 2005: «La Ley del Menor es una porquería. Las asesinas nunca van a reinsertarse porque son unas psicópatas».

La familia decidió trasladarse, junto con su otro hijo, lejos de la ciudad para huir de lo que percibían como una gran injusticia respecto al asesinato de su hija Klara.

Durante su internamiento en el centro de menores Monteledo, en Ourense, Iria cursó estudios en psicología y, con posterioridad, se trasladó a Vigo para vivir con su madre, ampliando allí su formación con estudios de pedagogía con la intención de trabajar con niños. Optó por buscar un empleo en el extranjero para eludir el escrutinio por parte de los medios de comunicación.

Sin embargo, el anonimato que había mantenido en su país se desvaneció en 2019, cuando la BBC la expuso a la luz pública. La prensa británica se alborotó al descubrir que Iria, una de las «Brujas de San Fernando», había sido contratada como psicóloga en la West Oxford Primary School, en Oxford, donde trabajó con niños de cuatro a seis años desde noviembre de 2016 hasta julio de 2017.

En realidad, una llamada anónima fue la que alertó a la Policía Nacional Española, que luego comunicó la situación a las autoridades británicas. Los oficiales españoles explicaron a sus colegas británicos que, como Iria había cometido el crimen siendo menor de edad, el delito no constaba en su registro criminal, razón por la cual su historial aparecía limpio.

El condado donde estaba situada la escuela fue criticado por no haber ejercido mayor diligencia en sus procesos de contratación y el propio centro educativo acusó a Iria de no haber revelado su historia. No obstante, según la legislación española, Iria no había infringido ninguna ley.

La cadena BBC destapó el suceso y el eco de la noticia se extendió rápidamente por Reino Unido. *The Sun* contribuyó a ello con titulares sensacionalistas del tipo «Asesina en la escuela primaria. ¡Horror!», mientras que *HuffPost* retomó la historia, señalando que la mujer había escondido su historial criminal a sus empleadores para conseguir el puesto. La tranquila y encantadora ciudad, hogar de una de las universidades más ilustres del mundo, quedó conmocionada.

En la actualidad, se cree que Iria reside en el extranjero.

Por su parte, Raquel, tras su paso por un centro de menores en Madrid y una vez en libertad, decidió establecerse en la capital española. De ella se sabe poco, solo que podría tener pareja y que su ocupación está dentro del ámbito de la peluquería.

Se cree que, desde entonces, no han vuelto a tener contacto la una con la otra.

En recuerdo a Klara, en 2007, se erigió una estatua de un unicornio alado en el lugar donde fue asesinada, en el

Parque de El Barrero. La obra se inspiró en sus propios dibujos.

Los padres de Klara han optado por el silencio desde hace tiempo, desalentados al ver que sus esfuerzos por que se endurecieran las penas no tuvieron éxito. José Ignacio Quintana, el abogado que los representó, declaró: «Hace tiempo que rehúyen el contacto con la prensa; lo que ha sufrido esa familia es indecible. Fue un crimen que causó gran conmoción, absolutamente atroz y sin motivo aparente... Fue un asesinato cometido solo por la curiosidad de experimentar qué se siente al matar y esa falta de razón solo magnifica la atrocidad del acto».

# ANÁLISIS DEL CASO

Nuestra mente es como un gran teatro en el que se representan todo tipo de historias, incluso esas que jamás contamos. A veces, asumimos papeles de personajes fantasiosos en los que le hacemos daño a alguien, lo cual, por muy inmoral que parezca, es más habitual de lo que se cree. Los psicólogos Douglas Kenrick y David Buss descubrieron algo sorprendente: hasta el noventa por ciento de los chicos universitarios y el ochenta por ciento de las chicas universitarias habían tenido, al menos, una fantasía de este tipo durante el año anterior a la investigación.

Esas fantasías, que parecen sacadas de una película, no son más que una manera de desahogarse del estrés y la frustración. Funcionan como un ensayo mental, donde uno juega con los límites sin cruzarlos. La mayoría de las veces, se quedan en eso, en pura imaginación, como las historias de terror que a algunas personas se les pasan por la cabeza.

Pero, de vez en cuando, alguien sí cruza esa línea invisible que hay entre la imaginación y la realidad. Cuando miramos el caso de Raquel Carlés e Iria Suárez, necesitamos ponernos las gafas de la sociología y la psicología para entender lo que sucedió. Hay que fijarse en un montón de aspectos, como su historia familiar, la cultura alternativa con la que se identificaban, sus dificultades psicológicas personales y el modo en que todo eso se mezcló con el ambiente social que las rodeaba.

## ANÁLISIS PSICOLÓGICO

### El abandono de Klara

Entender el carácter de Klara García y el papel que desempeñaba junto a Iria Suárez y Raquel Carlés es un aspecto crucial pero complejo, dada la limitada información disponible sobre ella.

Klara, en su relación con Iria y Raquel, es posible que ocupara un rol menos dominante, tal vez ejerciendo de contrapeso más moderado frente a las tendencias extremas de sus amigas. Su decisión de separarse del grupo sugiere un deseo de cambio, una inclinación hacia un estilo de vida más convencional, enfocado en su desarrollo personal y académico. Esta madurez emergente y su anhelo de seguir un camino distinto quizá motivaron su distanciamiento de Iria y Raquel, lo que estas últimas pudieron interpretar como una traición.

La reacción de Iria y Raquel a su partida indica que Klara podría haber sido una influencia estabilizadora en su dinámica grupal. Su ausencia dejó un vacío emocional y quizá intensificó las tendencias extremas de sus amigas. Por lo tanto, aunque es difícil analizar en profundidad a Klara, su papel en el grupo parece haber sido central y su decisión de alejarse marcó un punto de inflexión crucial. En su búsqueda de un estilo de vida más enfocado en unas relaciones personales estables y el éxito académico, Klara tomó una decisión madura que, por desgracia, fue malinterpretada por Iria y Raquel, quienes provocaron una tragedia inesperada.

## Relación Raquel e Iria

Raquel venía de una familia muy desestructurada, con un padre toxicómano y una pensión de cuarenta mil pesetas de aquella época. Raquel comienza a tener problemas a los catorce años, cuando el padre reinicia la convivencia con su madre. Entonces, la personalidad de Raquel empieza a cambiar y se muestra como una persona ansiosa, dependiente y sádica. Necesitó en aquellos momentos ser atendida por los servicios sociales del Ayuntamiento en varias ocasiones.

Por otro lado, Iria provenía de una familia muy bien situada. Su padre, que era militar, estaba destinado en Bosnia. Sin embargo, su comportamiento atípico y sus escritos perturbadores sugieren una desconexión con las normas sociales tradicionales, quizá exacerbada por la falta de supervisión o comprensión parental. Su inclinación por el mundo del esoterismo y de la brujería acaso vino influida por el hecho de que tenía familiares que también cultivaban esas aficiones. En definitiva, Iria desprendía negatividad, provocaba rechazo y, en el plano emocional, le faltaba mucho cariño y afecto.

Aun así, Iria era ambivalente, tenía dos caras. Por un lado, encontramos a una joven de carácter introspectivo y tranquilo que se autodescribe como incomprendida: «Jamás me consideré una chica ordinaria; no encontré placer en los juegos de muñecas típicos de la infancia. Me etiquetan de "demente" solo por perseguir aquello que despierta mi interés. "Demente" por ejercer mi libertad de ser. Me llaman así porque carecen de la valentía para vivir con esa misma libertad». En contraste, está la otra Iria, apodada «la Gata», un alias que ella misma prefiere: una joven de naturaleza fuerte y mente aguda que se ve a sí misma en un plano de superioridad respecto a los demás.

Raquel, que era la mayor, se encargó de materializar el crimen al principio, mientras que Iria, la más joven, resultó ser el cerebro del plan tan siniestro. Iria, con su gran inteligencia y habilidad para manipular, influía de forma clara en Raquel y, aunque se decía que era más reservada y no tan astuta, terminó siendo quien materializara sus planes oscuros.

En el momento álgido del horrendo acto, una vez se encontraron con Klara, fue Iria quien mantuvo a la joven paralizada, mientras Raquel, con un cuchillo en la mano, le causaba las heridas mortales. Iria no solo estaba involucrada, sino que animaba a Raquel a intensificar la violencia, por lo que puso en práctica una dinámica que ella dominaba para exacerbar la situación.

Después del crimen, las dos asesinas se mostraron frías y distantes, sin arrepentimiento, lo que señala una gran desconexión emocional con lo que hicieron. La ausencia de remordimiento y la frialdad de ambas apuntan a una perturbación psicológica seria.

En resumen, la relación entre Iria y Raquel revela una dinámica en la que Iria aparece como la líder intelectual y emocional y Raquel es quien ejecuta, actuando quizá de forma más sumisa. Sin embargo, las dos comparten la responsabilidad del crimen.

## Afinidad por el ocultismo

La fascinación de estas dos jóvenes por lo gótico y lo satánico les proporcionó un entorno donde la violencia y la muerte se veían como algo normal o, incluso, digno de admiración. Esta subcultura les ofreció un sentido de pertenencia que quizá no encontraban en otras facetas de sus vidas. La música, los símbolos, el alcohol y ciertas ideas se convirtieron en combustible para sus problemas mentales, como si estuvieran en un ritual.

Para ellas, el mundo de lo oculto era un lugar donde se sentían fuertes y parte de algo, todo lo contrario a su visión del mundo real, que les era ajeno porque no encontraban su sitio en él. Pero ese interés también era un síntoma de problemas más graves. Meterse tan al fondo de lo esotérico cambió su percepción de la realidad y afectó sus decisiones y acciones. Ese interés, en su caso, era una muestra de emociones descontroladas y problemas psicológicos no resueltos que, al final, las llevó por un camino de decisiones extremas y consecuencias muy tristes para otras personas.

No en vano, desde una perspectiva antropológica, el comportamiento extático (que incluye convulsiones, pérdida de consciencia y cambios de personalidad) se observa, por regla general, en rituales que implican sincronización y repetición. Esto se refleja en el icónico cortometraje *Trance and Dance in Bali*, creado por los antropólogos Gregory Bateson y Margaret Mead durante su estancia en Indonesia en los años treinta del siglo XX. En él, el intrincado baile alcanza su clímax en una escena en la que las mujeres, con un fervor casi fanático, se cortan el cuerpo con sus afilados cuchillos y, sin embargo, de forma sorprendente, parecen inmunes y apáticas al dolor mientras continúan danzando.

> En las prácticas ocultistas, la combinación de ritual y concentración ha sido el método tradicional para invocar a un *egregor*, término oculto que designa una entidad psíquica análoga a una mente colectiva. El poeta William Butler Yeats solía participar en esos intentos como miembro de uno de los círculos más influyentes de la magia occidental, la Orden Hermética de la Aurora Dorada, fundada en el anonimato en Londres en 1887. Para sus integrantes, la magia y la «mediumnidad» no consistían realmente en someter fuerzas sobrenaturales para ejecutar encantamientos; más bien, la magia era considerada un fenómeno psíquico centrado en transformar la conciencia, ya fuera de forma individual o colectiva. Este cambio se inducía a través de rituales, danza y drogas. Así lo expresaba Dion Fortune, una de las ocultistas más célebres e influyentes de su tiempo.

## Búsqueda de notoriedad

El deseo de Iria Suárez y Raquel Carlés de ser famosas, con el fin de llamar la atención a través de un acto violento, demuestra una mezcla complicada de necesidades psicológicas y percepciones distorsionadas. Ellas pensaban que ese acto extremo era una manera de ser reconocidas, como si fuera la respuesta a su necesidad de atención en un mundo donde se sentían ignoradas. En su modo equivocado de ver las cosas, la fama ganada así era una especie de éxito, sin pensar en las graves consecuencias morales y legales de lo que hacían.

Con toda probabilidad, esa forma de pensar estuvo influenciada por la cultura de los medios de comunicación actuales, que muchas veces se centra en la fama y en convertirse en el centro de atención, haciendo creer que ser conocido, incluso por algo malo, es una forma de ser importante. La falta de ejemplos y guías positivas en sus vidas dejaron un hueco que llenaron con una idea distorsionada y destructiva de cómo conseguir reconocimiento y reafirmarse. En resumen, su búsqueda de la fama a través de la violencia subraya una necesidad desesperada de atención y una idea equivocada de lo que significa la notoriedad, todo ello influenciado por una cultura que, a menudo, glorifica la popularidad sin pensar en el costo moral.

## ANÁLISIS SOCIOLÓGICO

Es crucial destacar que, en este caso, resulta complicado separar lo psicológico de lo sociológico, dado que ambos aspectos están muy relacionados.

**Influencia de la violencia en los medios**: la fascinación de Iria Suárez y Raquel Carlés por José Rabadán, el infame «asesino de la *katana*», y su deseo de emularlo revela que la violencia mediática puede moldear, en parte, el comportamiento de los jóvenes.

La intensa cobertura de crímenes violentos en los medios de comunicación, que a menudo termina glorificando a los perpetradores, pareció ofrecer a Iria y Raquel una imagen distorsionada de fama y reconocimiento. Ellas, jóvenes impresionables en busca de filiación, quizá se identificaron emocional o psicológicamente con Rabadán, viendo en él un reflejo de su propio deseo de poder y control.

Así, la admiración de Iria y Raquel por figuras como Rabadán y su deseo de imitar acciones violentas hacen destacar el impacto de la violencia mediática en los jóvenes, en especial, cuando se combinan con factores como la alienación y la falta de influencias positivas.

**El Asesino de la *Katana***

Este crimen, protagonizado por José Rabadán Pardo, conmocionó a la sociedad española debido a su brutalidad y naturaleza inusual, así como a la edad del perpetrador, que contaba con tan solo dieciséis años en el momento de los hechos.

En abril de 2000, José Rabadán asesinó a sus padres y a su hermana menor en su casa, en Murcia, utilizando una *katana*, una espada de origen japonés. La investigación posterior reveló que Rabadán sufría de esquizofrenia paranoide, un trastorno mental grave que afecta la percepción de la realidad del individuo.

El móvil que podía haber detrás del triple homicidio fue objeto de especulación y análisis. Rabadán, influenciado por sus delirios paranoicos y quizá exacerbado por su interés en la cultura japonesa y los videojuegos, creía que su familia estaba poscída por demonios y que él tenía la misión de liberarlos. Ese pensamiento distorsionado lo llevó a cometer los asesinatos de una manera violenta.

El caso generó un amplio debate en España sobre temas como la salud mental, la influencia de los videojuegos en los jóvenes y el sistema de justicia juvenil. La condición de menor de edad de Rabadán y su enfermedad mental presentaron desafíos legales y éticos significativos. Se cuestionó si era adecuado juzgarlo como un adulto y qué tipo de tratamiento o sanción debería recibir.

Eventualmente, Rabadán fue declarado culpable y condenado a ser internado en un centro psiquiátrico para menores, donde recibió tratamiento para su condición. Su caso continuó siendo objeto de análisis y discusión, y se ha convertido en un ejemplo complejo de cómo la sociedad y el sistema legal manejan casos de delincuencia juvenil asociados a problemas de salud mental.

## Contexto familiar

Iria Suárez y Raquel Carlés, que crecieron en hogares con problemas, vivieron una realidad que, con toda seguridad, tuvo un gran impacto en sus vidas. Crecer en un entorno así quizá provocó en ellas una inestabilidad emocional, que se apreció en la dificultad que tenían para controlar sus emociones y por su tendencia a actuar sin pensar. Esta falta de un ambiente familiar estable acaso también dificultó que aprendieran a tener relaciones sanas y duraderas, afectando al trato entre ellas y su relación con otras personas, como Klara.

Es probable que la falta de seguridad en casa las llevara a buscar aceptación y un lugar donde encajar, de ahí que indagaran en grupos y prácticas marginales. Esta vulnerabilidad, asimismo, las hizo más propensas a caer bajo influencias negativas y aumentó su interés por figuras delictivas y comportamientos destructivos. Además, el hecho de no tener un ambiente familiar positivo quizá influyó en su autoestima y su desarrollo personal, empujándolas a buscar fama de formas extremas y peligrosas.

En resumen, el ambiente en el que Iria y Raquel se criaron fue clave en el desarrollo de sus personalidades y en las decisiones trágicas que al final tomaron. La mezcla de un hogar problemático, influencias de los medios de comunicación y una dinámica grupal complicada creó una situación perfecta para que crecieran sus tendencias destructivas.

## Conclusión

Cuando conocí este caso, hace ya unos años, me dejó muy impactado. Es difícil creer que Iria y Raquel, dos adolescentes, decidieran matar a su amiga Klara por el simple hecho de que sentían que las había «abandonado». Esta historia me lleva a reflexionar sobre lo terribles que pueden ser las consecuencias cuando se mezcla la necesidad de reconocimiento, influencias negativas y una falta de guía adecuada.

Lo que más me sorprende es hasta qué punto se puede torcer la necesidad de atención y tener unas repercusiones tan extremas. Estas chicas, fascinadas por el ocultismo y figuras criminales como José Rabadán, decidieron buscar la fama a través de un acto horrendo. Es una muestra escalofriante de cómo la falta de modelos positivos y una orientación adecuada pueden desembocar en resultados desastrosos.

Aparte de todo lo dicho, falta formular una gran pregunta sobre este caso: ¿cómo tratamos el tema de la reinserción de personas que han cometido actos tan horribles? Por ejemplo, el caso de Iria, que terminó trabajando con niños en Oxford, exige una reflexión en profundidad. ¿Realmente estamos seguros de que alguien que ha hecho algo tan atroz puede reintegrarse en la sociedad sin que represente un peligro? Y lo que resulta más importante, ¿qué debemos hacer para que ello no ponga en riesgo la seguridad de los niños?

Después de pensarlo mucho, creo que la conclusión está clara: hay que poner siempre en primer lugar la protección de las personas. No hay vuelta de hoja, la seguridad de la comunidad es lo primero.

# 5

# LA MASACRE DE DNIPRÓ (Ucrania, 2007)

## LA ERA DE LAS GRABACIONES Y EL EGO

*Tres jóvenes ucranianos fueron acusados de asesinar brutalmente a veintiuna personas en un corto periodo de tiempo. ¿La razón? Documentar algunos de los asesinatos para subirlos a internet.*

Aquella noche calurosa, Ekaterina «Katya» Ilchenko fue encontrada muerta en la calle Shelgunova. La mujer tenía el cráneo fracturado. Por la tarde, a cinco minutos a pie del lugar del primer asesinato, se había encontrado el cadáver de Roman Tatarevich. La muerte también había sido causada por un objeto contundente que le había hundido el cráneo.

Días después, a escasos metros de la casa de Katya, unas ancianas ucranianas hablaban sobre aquellos asesinatos.

—Esta semana han matado a diez personas en Taromsky —dijo una de las mujeres con voz tenebrosa.

La abuela de la fallecida Katya Ilchenko, que también asistía a aquella conversación, apenas puedo contener las lágrimas:

—Ella era inteligente —musitó como si estuviera en trance—, tenía dos graduados. Todo eso... para nada.

La abuela volvió a evocar lo que le había sucedido a su nieta. La víspera de aquella terrible noche, recibió la visita de su amiga Anya. Las chicas bebieron té y charlaron. Luego, Katya fue a despedir a su invitada y no volvió. La madre de la joven se despertó a las cinco de la mañana, sintiendo que algo iba mal. Salió y vio a Katya tirada en el suelo, sobre un charco de sangre.

Otro de los asesinados era Roman Tatarevich. Los hechos tuvieron lugar en los alrededores del edificio de la Fiscalía del distrito Leninsky.

Todas aquellas muertes estaban muy próximas entre sí, tanto en el tiempo como en el espacio.

—Tal vez no es obra de un maniaco —aventuró otra de las ancianas—. Puede que sea toda una banda de maniacos.

Pronto descubrirían que no se trataba de una banda, sino de tres chicos. Un trío que sería conocido como los Maniacos de Dnipró.

## EMPIEZAN LAS TRAVESURAS

En 2007, Apple lanzaba su primer iPhone, revolucionando para siempre la industria de la telefonía móvil. Google anunciaba que sería Android su sistema operativo para dispositivos móviles, aunque el primer teléfono con esa tecnología no se lanzaría hasta 2008. La red de telefonía móvil 3G empezaba a expandirse de modo significativo, permitiendo un acceso más rápido a internet. Spotify inauguraba su servicio de música en *streaming*. Facebook y Twitter crecían de forma exponencial y cambiaron el modo en que las personas interactuaban *online*. Aunque Netflix había estado operando como un servicio de alquiler de DVD por correo, aquel año también introdujo su servicio de *streaming*, lo que eventualmente revolucionaría los hábitos en el consumo de contenido audiovisual.

Y, por fin, los aficionados a Harry Potter pudieron leer el último libro de la saga: *Las reliquias de la muerte*.

Sin embargo, la mayoría de la gente no devoraba las páginas del libro para saber cómo terminaba, sino para evitar la catarata de *spoiler* que aparecía en las redes sociales. Estas también permitieron una nueva forma de interacción entre autor y lector. Aunque J.K. Rowling no era tan activa en 2007 como lo es hoy, la capacidad de los autores para compartir detalles adicionales o responder a preguntas de los fanes añadió otra capa a la experiencia de la lectura.

En definitiva, el desarrollo de las telecomunicaciones en 2007 empezó a cambiarlo todo.

También la forma en que los asesinos segaban las vidas de sus víctimas, como se puso de manifiesto en Ucrania durante el verano de aquel año.

Por entonces, Ucrania estaba experimentando una delicada transición desde el final de la era soviética hacia un estado democrático independiente. El país se hallaba en lucha por la estabilidad política, económica y cultural. La Revolución Naranja de 2004 provocó un cambio democrático y un giro hacia las relaciones con Europa y Occidente, y seguía siendo un tema reciente con implicaciones en la esfera pública. Desde el punto de vista económico, el país experimentaba un ligero crecimiento, pero también se enfrentaba a desafíos, como la corrupción y una economía en transición.

En el ámbito musical, Ruslana, que había ganado el Festival de Eurovisión en 2004, seguía siendo una figura popular. También afloró una nueva generación de músicos que combinaban elementos del folk ucraniano con géneros más modernos.

En aquellos días, Viktor Sayenko, Ígor Suprunyuk y Alexander Ganzha compartían clase en el instituto y mantenían una amistad que se remontaba a la niñez. De hecho, también vivían en el mismo lugar: la zona residencial de Krasny Kamen.

Según se constató en algunas entrevistas concedidas por sus familiares, Viktor y Alexander eran amigos desde muy pequeños. Ígor se trasladó a la zona más tarde y los tres afianzaron su amistad en el tercer curso de Primaria. Al parecer, los otros dos chicos habían sido buenos estudiantes hasta que se hicieron amigos de Ígor. Fue entonces cuando sus notas comenzaron a bajar.

Uno de sus profesores advirtió que Ígor era tímido y se mantenía aislado, provocaba peleas y, con frecuencia, se metía en problemas. Así, aunque a los tres les gustaba hacer travesuras, fue Ígor quien les convenció para elevar el nivel.

La primera diablura con implicaciones legales se produjo en el quinto curso, cuando decidieron apedrear un tren. Sin embargo, la posición influyente de sus padres les permitió sortear las consecuencias judiciales. No en vano, Viktor era hijo de Ígor Viktorovich Sayenko, que trabajaba en la fiscalía. Por otro lado, el padre de Ígor había sido piloto y había volado a menudo con Leonid Kuchma, el futuro presidente de Ucrania, al que continuó sirviendo como piloto personal en vuelos privados después de su llegada al poder.

Las primeras fechorías verdaderamente delictivas de los tres jóvenes se remontaban a 2003 y 2004, cuando apenas tenían 15 años. En aquel entonces, sus retorcidos pasatiempos se centraban en llevar a cabo hurtos menores, atracos improvisados y la cruel tortura y asesinato de perros y gatos callejeros que se cruzaban en su camino. También se les conocía por perpetrar robos a mano armada, siempre escoltados por el filo amenazador de un cuchillo.

Todos estos delitos eran una forma de superar sus miedos y demostrarse que tenían valor para hacer cualquier cosa. Por ejemplo, durante los interrogatorios, Viktor declaró: «Ígor y yo teníamos miedo a las alturas y a ser apaleados por abusones». Ígor decidió que combatirían sus miedos colgándose ambos de la barandilla del balcón de su apartamento, que se encontraba en la planta catorce.

Al parecer, tuvieron una sensación tan excitante, que consiguieron perder el miedo a las alturas para siempre.

Alexander resultó ser el más delicado de los tres: tenía fobia a la sangre e incluso temía bañar a su gato por temor a hacerle daño. Entonces, Ígor propuso combatir ese miedo torturando a perros callejeros. Fue así como empezaron a capturar canes en una zona arbolada cercana a su casa. Los amarraban a algún árbol, los destripaban y se sacaban fotografías junto a los cadáveres. De hecho, durante la investigación posterior, se descubrió un largo vídeo que mostraba a los tres chicos torturando a un gato blanco en el garaje de uno de ellos. El suplicio consistió en clavar al gato en la pared, amordazarlo con cinta adhesiva para acallar sus maullidos y, finalmente, dispararle con pistolas de balines hasta acabar con su vida.

De nuevo, casi sin darse cuenta, fueron subiendo la apuesta. Con diecisiete años, Ígor asaltó a un joven residente de su localidad. Utilizando la violencia, le robó su bicicleta para, después, vendérsela a Viktor.

A pesar de que fueron arrestados por este incidente, también lograron eludir cualquier tipo de condena, debido a que aún eran menores de edad en ese momento.

Una vez que terminaron la educación secundaria, sus caminos divergieron a nivel profesional. Alexander decidió buscar empleo en sectores como la restauración y la construcción. Por otro lado, Viktor decidió continuar su formación académica y se matriculó en el Instituto Metalúrgico, optando por la educación a distancia. Además, complementó sus estudios trabajando como guardia de seguridad. Ígor, aunque estaba oficialmente desempleado, encontró una fuente de ingresos trabajando como taxista, pero sin tener una licencia. Lo curioso es que el vehículo que utilizaba para este fin, un Daewoo de color verde, había sido un regalo de sus padres al que decidió colgarle un cartel de «taxi».

Unos meses antes de que se iniciara la serie de asesinatos que los pondría en el punto de mira de las autoridades, Ígor, con la colaboración de Viktor y Alexander, se dedicó a asaltar a los pasajeros que subían a su falso taxi. Durante los interrogatorios llevados a cabo por la policía, se descubrió que algunas de las personas asesinadas habían sido pasajeros del taxi de Ígor.

Sus métodos, aunque brutales desde el principio, evolucionaron con el tiempo. Inicialmente, las víctimas humanas y animales sufrían los golpes de tubos de metal y otros objetos contundentes que los delincuentes empuñaban con desdén. Sin embargo, Ígor, siempre persiguiendo una especie de eficiencia macabra, decidió que aquellos objetos no cumplían con sus expectativas. La solución llegó con el aprovisionamiento de nuevos instrumentos de tortura: martillos y mazos que, en sus manos, se convirtieron en heraldos del terror.

Un suceso en especial alarmante tuvo lugar durante su paso por el octavo grado, cuando Ígor, en un arrebato de ira, golpeó a otro niño, mientras que Viktor, con una frialdad pasmosa, le despojaba de su bicicleta.

Pero esto apenas sería el preludio de lo que vendría después.

Un par de años antes de la serie de asesinatos que sacudiría la conciencia de todo el país, los futuros criminales sometieron a dos adolescentes a una brutal paliza que desfiguró sus rostros para siempre.

Además, la tortura y el asesinato de animales callejeros se convirtió en una especie de ritual grotesco. Filmaban sus actos con un morbo inquietante, posando con los cuerpos inertes de sus víctimas como si fueran trofeos de una conquista perturbadora.

Muchos vecinos fueron testigos de cómo Ígor, al volante del coche que le habían regalado sus padres, aplastaba perros y gatos en un acto de desprecio absoluto hacia la vida. A pesar de la abominable exhibición, nadie se atrevió a denunciarlos a la policía.

Con el tiempo, la transición podría decirse que fue inevitable. Los futuros asesinos dejaron de lado a los animales y su crueldad encontró un nuevo blanco: las personas. Unos cincuenta seres humanos sufrieron a manos de estos asesinos, en una ola de terror que dejó a toda la comunidad en estado de *shock*.

## CÓMO HACERTE FAMOSO DERRAMANDO SANGRE

En las sombrías profundidades de la psique humana, a veces yacen oscuros deseos que pueden ser desencadenados por un simple teléfono móvil. O, incluso, por la posibilidad de que nuestros actos trasciendan más allá de nuestro círculo, convirtiéndonos en una estrella mediática internacional.

Eso es lo que les sucedió a los tres despiadados asesinos de animales cuando quisieron subir la apuesta: no solo iban a dejar de matar animales para pasar a segar la vida de humanos, sino que iban a ser muchas las personas afectadas, hasta alcanzar la macabra cifra de cuarenta víctimas. Y ese logro sería consignado en vídeo para que todo el mundo fuera testigo de los asesinados, como quien acepta un *challenge* viral en TikTok.

Además, incluso estéticamente estaban llamados a ser famosos en las redes. Ígor, con una inclinación perturbadora hacia la ideología nazi, llevaba con orgullo una esvástica tatuada en la muñeca y se jactaba de compartir su fecha de nacimiento con el mismísimo Adolf Hitler. Una vez, con una desfachatez que helaba la sangre, posó frente a la tumba de una de sus víctimas y, usando la sangre de un animal que había masacrado, se dibujó un bigote al estilo del Führer para tomarse una fotografía grotesca. ¿Acaso no es igual de grotesco ver a millones de personas posando como robots sonrientes en muchos otros lugares del mundo para obtener *likes* en Instagram?

En un edificio abandonado, que se convirtió en el macabro cuartel general de los tres cómplices, almacenaban recortes de periódicos, un ordenador y banderas fascistas, un claro reflejo de su ideología retorcida. Ahí, también daban rienda suelta a su violencia contra animales indefensos, cuyos restos eran guardados en cajas como trofeos por su depravación. Incluso tenían a un pobre caniche crucificado en una pared. En el disco duro del ordenador, almacenaron un espeluznante registro de sus crímenes, una lista de víctimas a quienes Ígor refería con desprecio como sus «esclavas», creyendo que le servirían en el Más Allá.

Ese ordenador se convertiría más tarde en una pieza clave de la evidencia de sus crímenes, que sirvió para imputarlos.

Pero el premio gordo, lo que les permitiría hacerse famosos de verdad, solo lo obtendrían matando humanos. Empezaron con las víctimas más vulnerables: mujeres, niños, ancianos, discapacitados o personas en estado de ebriedad.

La metodología era clara: atacaban por sorpresa, sin motivo alguno, utilizando objetos como martillos, mazos o barras de metal para aplastar las cabezas de sus víctimas hasta dejarlas irreconocibles. El sadismo no conocía límites. Mutilaban, torturaban y, en un caso extremadamente desgarrador, extrajeron el feto a una mujer embarazada.

Durante tres días nefastos, del 14 al 16 de julio de 2007, la policía descubrió una media de dos cadáveres diarios. Entre las víctimas, había personas sin hogar, muchas de las cuales nunca pudieron ser identificadas. Los asesinos, montados en el coche de Ígor o en una motocicleta robada, se desplazaban en busca de presas humanas, atacando a cualquier infortunado que se cruzara en su camino, como si fueran protagonistas de *La Purga*.

Su necesidad de matar por matar era tan elemental que no les robaban nada a las víctimas. Sin embargo, vendían los teléfonos móviles de los difuntos en tiendas de segunda mano, quizá como forma de burlarse aún más de aquellos a quienes habían arrebatado la vida.

Cada asesinato, cada movimiento de agonía de los moribundos, era filmado con la cámara de un teléfono móvil, una práctica macabra que estaban convencidos de que les elevaría a la cúspide de los asesinos en serie.

La primera víctima que habría de «catapultarlos al estrellato» fue Ekaterina «Katya» Ilchenko, una mujer de 33 años que iba camino de su hogar tras compartir una taza de té con su pareja. Según relató Sayenko, tanto él como Suprunyuk habían decidido dar un «paseo» esa noche. Suprunyuk portaba un martillo y le dio un golpe a Ilchenko en la cabeza. El cuerpo inerte de la mujer fue descubierto por su madre a las cinco de la madrugada. Apenas una hora después de este primer acto macabro, la dupla dirigió su crueldad hacia Roman Tatarevich, quien dormía en un banco que estaba cerca del lugar del primer asesinato. La cabeza de Tatarevich sufrió una serie de golpes brutales y repetidos con objetos contundentes, que le dejaron el rostro desfigurado.

El alba del 1 de julio reveló la muerte de Evgeniya Grischenko y Nikolái Serchuk, en la localidad vecina de Novomoskovsk. La tenebrosa noche del 6 de julio se tiñó de sangre en Dnipró con tres nuevas víctimas. La primera fue Egor Nechvoloda, un joven militar recién licenciado que fue golpeado con brutalidad cuando regresaba

Christine y Léa Papin. *Véase* cap. 1 (© Historic Collection / Alamy Stock Photos)

Las hermanas Papin son trasladadas a un psiquiátrico. *Véase* cap. 1 (© Historic Collection / Alamy Stock Photos)

Gertrude Baniszewski, de 37 años, rompe a llorar junto a su abogado, William C. Erbecker, el 19 de mayo de 1966 en Indianápolis, mientras un jurado la condena por asesinato en primer grado por la muerte, mediante tortura, de Sylvia Likens. *Véase* cap. 2 (© Associated Press / Alamy Stock Photos)

Page 34 THE INDIANAPOLIS NEWS Tuesday, November 2, 1965

**Full House For Torture Death Hearing**

Spectators jammed Municipal Court 6 yesterday to catch a glimpse of Gertrude Wright and Richard Dean Hobbs as they appeared before Judge Harry F. Zaklan on preliminary charges of murder. They are accused of participating in the torture slaying of 16-year-old Sylvia Marie Likens. In the front row (far left) is Assistant County Attorney Robert Fink. He was waiting for a case coming up in the court later in the day.—The NEWS Photo, Joe Young

**Day Of The Iguana**

MIAMI, Fla. — E. L. Williams is about to catch a 6-foot iguana which wandered into a residential area. The fierce-looking creature—which really is timid—was taken to a zoo.—AP Wirephoto

**Bellini Or Not?**

RENSSELAER, Ind.—This painting attributed to Renaissance master Giovanni Bellini, was stolen from the St. Joseph's College Library. The painting, entitled "The Virgin and Child with St. Nicholas of Bari and a Donor," is in a molded plaster frame and measures 44½ inches wide at the base, 39 inches wide at the top and is 37 inches high. If the work is a true Bellini, it could be worth $350,000.—AP Wirephoto.

Richard Dean Hobbs, 15, and Gertrude Wright, 37, listen in Municipal Court 6 as Judge Harry F. Zaklan orders them bound over to the Marion County grand jury. They were in court less than three minutes. Charged with murder, both will remain in custody without bond.—The NEWS Photo, Joe Young

**Today's Picture News**

**A Taxing Problem**

Sharry Humphrey of the American Fletcher National Bank staff is tabulating a few stacks of hundreds of thousands of property tax receipts that have come in from the bank's 39 centers. Carter Tharp, vice-president and cashier, said more than 50 employes at the downtown center at 101 Monument Circle, are handling the taxing job.—The NEWS Photo, Joe Young.

**Queen Of Light Hopefuls**

One of these girls will be chosen Saturday by the spin of a wheel to reign as queen of light over the pre-Christmas parade Nov. 20 through downtown Indianapolis. The candidates are (front row, from left) Cheryl Long, Decatur Central; Kim Kercheval, Broad Ripple; Pam Campbell, Ben Davis; Susan Barclay, Beech Grove; Betty Poindexter, Attucks, and Rita Randall, Arlington. In the second row are Colleen Mangold, Scecina; Vicki Ansley, Pike; Sherry Perkowski, Northwest; Ann Boleman, North Central; Jean Reuter, Manual; Sue Ellen Amick, Howe. In the third row are Janice Brown, Wood; Donna Lee Burkert, Washington; Mary Lou Nichols, Warren; Tante Masters, Tech; Ruth Muir, Speedway; Patty Wasson, Southport, and Shari Stoddard, Shortridge.—The NEWS Photo, William Palmer

Audiencia en el juicio contra Gertrude Baniszewski por el asesinato y tortura de Sylvia Likens. *Véase* cap. 2 (© Indystar)

Imagen de una cámara de seguridad del centro comercial de Liverpool que capta el momento justo en que secuestran al pequeño James Bulger, el 12 de febrero de 1993, a las 15.40 horas. *Véase* cap. 3 (© Getty Images / Alamy Stock Photos)

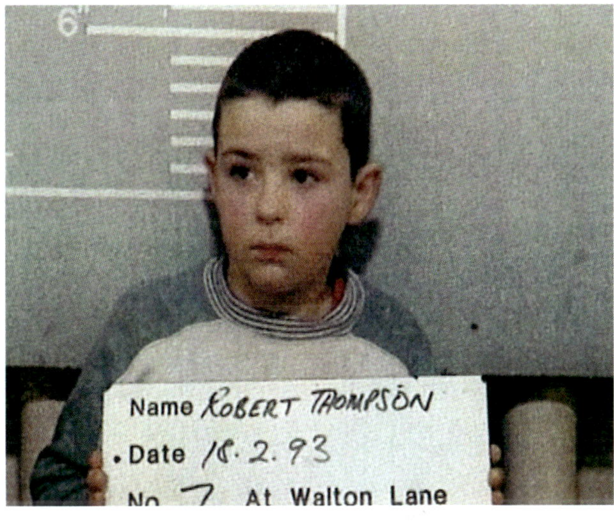


Fotografías de los asesinos del pequeño James Bulger, Robert Thompson (derecha) y Jon Venables (izquierda, abajo), tras su arresto. Tenían 10 años de edad. *Véase* cap. 3 (© Getty Images / Fotógrafo de plantilla)

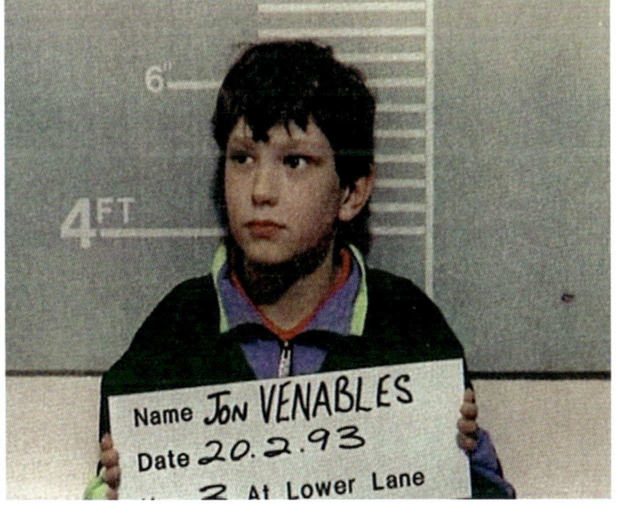

*ABC* del lunes, 29 de mayo de 2000, sobre el asesinato de la joven Klara García Casado en San Fernando, Cádiz. *Véase* cap. 4 (© Album / Archivo *ABC*)

IMÁGENES **Las asesinas de Cádiz tenían aficiones satánicas**

Paco Martín

**◄ LAS JÓVENES DETENIDAS RELATARON CON ESCALOFRIANTE FRIALDAD QUE DESPUÉS DE ASESINAR A SU COMPAÑERA SE FUERON DE COPAS**

Después de varias horas de interrogatorio, las dos jóvenes acusadas de asesinar en San Fernando (Cádiz) a su compañera de instituto Clara García Casado, de 16 años, confesaron el móvil del brutal crimen. La Policía no ha querido desvelarlo por la «dureza» de los hechos. No obstante, las primeras hipótesis apuntan a que las aficiones satánicas de las jóvenes o un extraño juego de rol pueden estar mezclados en el terrible crimen, que ha conmocionado a la localidad de San Fernando. Las jóvenes, de 17 y 18 años, relataron los detalles del crimen con absoluta frialdad, hasta el punto de estremecer a los agentes encargados de la investigación. Después de asestar 18 puñaladas a la víctima, y prácticamente degollarla, se fueron a sus casas a cambiarse de ropa y salieron de copas con sus amigos, como todos los fines de semana. Según sus vecinos, son chicas de clase media, jóvenes aparentemente normales, pero con «extrañas aficiones». En el Hospital Militar de San Carlos se realizó ayer la autopsia a los restos mortales de Clara García Casado, que, con toda seguridad, serán enterrados hoy. Arriba, un grupo de amigos de Clara lloran impresionados ante el domicilio de la joven. Abajo, periodistas intentan conseguir declaraciones de la familia de la víctima.

Efe

**Sociedad** páginas 36 y 37

56 ANDALUCÍA JUEVES 22-3-2001 ABC

# Ocho años para las asesinas de la niña de San Fernando, pena máxima de la Ley del Menor

**Sus abogados denuncian que un «juicio paralelo» ha alterado la independencia de la Justicia**

**Raquel e Iria, asesinas confesas de Clara García en San Fernando, fueron condenadas ayer a la pena máxima, ocho años en un centro cerrado de menores, y otros cinco más de libertad vigilada, según la nueva Ley del Menor. Sus abogados han anunciado su intención de recurrir la sentencia, al tiempo que han denunciado la existencia de un «juicio paralelo» que «ha alterado la independencia judicial».**

CÁDIZ **Miguel Velasco**

Después de que hayan trascurrido casi diez meses desde que el pasado mes de mayo se produjera el atroz asesinato de la joven Clara García, degollada y apuñalada repetidas veces en un descampado de San Fernando, el juez de Menores de Cádiz, Rafael del Río, hacía pública ayer su sentencia condenatoria contra las dos acusadas del crimen de su compañera de Instituto para quienes impone la máxima pena aplicable según contempla la nueva Ley Penal del Menor: ocho años de internamiento en un centro de Menores, y otros cinco años más de libertad vigilada.

De esta forma, en el veredicto emitido por el titular de Menores parece haber prevalecido la tesis sostenida por el Ministerio Fiscal durante el proceso al acoger la petición condenatoria de máxima sanción que la acusación pública había propuesto en su calificación, compartida por la acusación particular de los padres de la víctima, en la que imputaba a Raquel e Iria delitos de conspiración para el asesinato y asesinato.

**Entrada al Juzgado** de una de las asesinas de Clara García

**NADIE QUEDA SATISFECHO**

La sentencia no ha dejado satisfechos a ninguna de las partes personadas en el proceso judicial. Al malestar mostrado por los padres de Clara García porque las condenadas se beneficien de la aplicación de la «injusta» nueva Ley del Menor y de las reducción de penas que contempla,«cuando actuaron como adultas», se sumaba el de los abogados de las condenadas.

Poco después de que ayer se les notificara la sentencia, los letrados que ejercen la defensa de Raquel e Iria mostraban su disconformidad con el fallo anunciando su intención de interponer recurso ordinario que la ley autoriza ante instancias judiciales superiores. Ésta fue la única manifestación que a las puertas de los juzgados de Menores quisieron realizar los abogados, limitándose a reflejar sus «primeras impresiones» tras la sentencia en un comunicado en el que denuncian «el juicio paralelo» que se ha propiciado desde los medios de comunicación y la posible influencia que ha podido tener en el proceso.

En este sentido, hacen constar en su escrito que «es muy difícil creer que la independencia de los órganos jurisdiccionales haya sido efectiva» después de que en el juicio paralelo que denuncian hayan participado el Ministerio de Justicia y el Fiscal General del Estado, «realizando declaraciones en las que se adelantaba sin recato alguno la condena que se iba a imponer» a sus defendidas.

Con todo, las defensas, que plantearon durante el juicio como atenuante la alteración de la personalidad y de la voluntad de sus defendidas, manifiestan que mantienen «la esperanza» de que sus representadas «puedan reconducir su conducta» y que para ello «reciban un tratamiento adecuado en un centro especializado», cuestión ésta que «difícilmente conseguirían si todo se reduce a recluirlas en "una cárcel para niños", donde según se viene observando existe menos control judicial y muchas menos garantías que en los centros penitenciarios para adultos».

## Padres de Clara: «Una vida vale más»

CÁDIZ. **ABC**

Los padres de la joven de 16 años Clara García Casado, José Antonio García y María Casado, consideran que la sentencia que condena a las dos asesinas de su hija no les hace justicia y aseguraron que seguirán «luchando» para cambiar la Ley del Menor.

María Casado dijo a Efe respecto a la sentencia que «eso no es hacer justicia con mi hija, ya que una vida vale mucho más que eso» y manifestó que «la única satisfacción» para ellos es que estén ocho años internadas porque ambas «sabían que les iban a caer de uno a cinco años» según la nueva ley.

Agregó que «seguirán luchando» por cambiar la norma y que acudirán, junto a otras víctimas de menores, a una manifestación en ese sentido que se ha convocado en Sevilla el próximo día 31.

Por su parte, el padre de Clara, José Antonio García, declaró que «sigo sin ver que se haya hecho justicia por mi hija» y considera que las dos menores deberían haber sido juzgadas ante un jurado y según el Código Penal vigente.

Agregó que «en ningún momento nos hemos sentido arropados por los tribunales» y aseguró que les han «quitado» el derecho de estar en «igualdad» ante la Ley.

Coincidió con su esposa en que seguirán intentando cambiar la ley que «puede y debe mejorar por la atención de los ciudadanos».

**LOS CRÍMENES QUE ALIMENTAN LA POLÉMICA**

- **JAÉN**. Los asesinos del niño de 10 años Antonio Carrillo, que cumplían una condena de 17 años dictada por un jurado, cumplirán ahora cinco años en un centro de menores y dos de libertad vigilada, según ha sentenciado el Juzgado de Menores que ha revisado el caso de Enrique Cornejo y Antonio Aguilar, ambos ahora de 18 años de edad. El padre de la víctima ha anunciado que los matará si los encuentra en la calle.
- **ALGECIRAS**. Los presuntos asesinos del niño de 10 años José Luis Moreno Ruiz están ambos en la calle a espera de juicio. Eran vecinos de la víctima y ahora residen a menos de 50 metros de la casa de los padres de la víctima, con quienes ya se han encontrado.
- **MÁLAGA**. El presunto asesino conocido como «El Cachulo», al que se acusa de matar a un hombre con una catana porque le había reprendido en un bar, consiguió la libertad con la entrada en vigor de la Ley del Menor. Actualmente vuelve a estar en prisión por amenazas a otro ciudadano al que reclamaba dinero.
- **ESTEPONA.** La joven de 15 años que asesinó a su hermano de 16 de 17 puñaladas mientras dormía en su casa ha sido sentenciada a dos años de internamiento en un centro de menores.
- **SEVILLA**. Los presuntos asesinos de Alejandro Méndez, en el «crimen de la movida», están en libertad y pendientes de juicio.

*ABC*, sección local de Andalucía del jueves, 22 de marzo de 2001, que anuncia la condena de ocho años de internamiento en un centro para menores, pena máxima de la Ley del Menor. *Véase* cap. 4 (© Album / Archivo *ABC*)

Imagen del juicio contra Viktor Sayenko, Ígor Suprunyuk y Alexander Ganzha. *Véase* cap. 5 (© Photo Unian / © Isaev Sergey)

Los autores de la masacre de Dnipró durante el juicio. *Véase* cap. 5 (© Photo Unian / © Isaev Sergey)

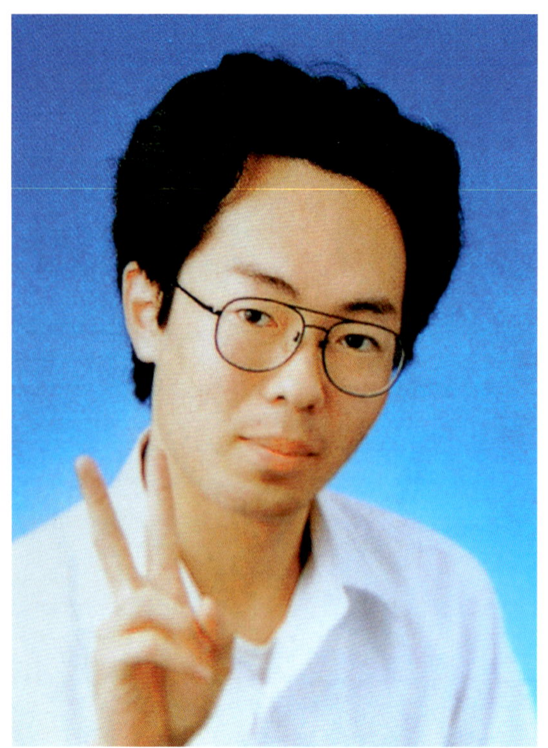

Imagen de Tomohiro Kato. *Véase* cap. 6 (© STR / Colaborador)

Esta fotografía, tomada por un peatón, muestra a Tomohiro Kato siendo arrestado por policías en una calle del distrito de Akihabara, en Tokio, el 8 de junio de 2008. *Véase* cap. 6 (© AFP vía Getty Images)

Portadas de varios periódicos sensacionalistas de Nueva York donde se reportaron los asesinatos en masa que se produjeron en Isla Vista, California, en 2014. *Véase* cap. 7 (© Richard Levine / Alamy Stock Photos)

Esta fotografía del asesino Elliot Rodger se mostró durante una conferencia de prensa de la policía local en el condado de Santa Bárbara, en el sur de California, Estados Unidos, el 24 de mayo de 2014. *Véase* cap. 7 (© Imago / Alamy Foto de stock)

La familia Turpin completa. *Véase* cap. 8 (© UPI / Alamy Stock Photos)

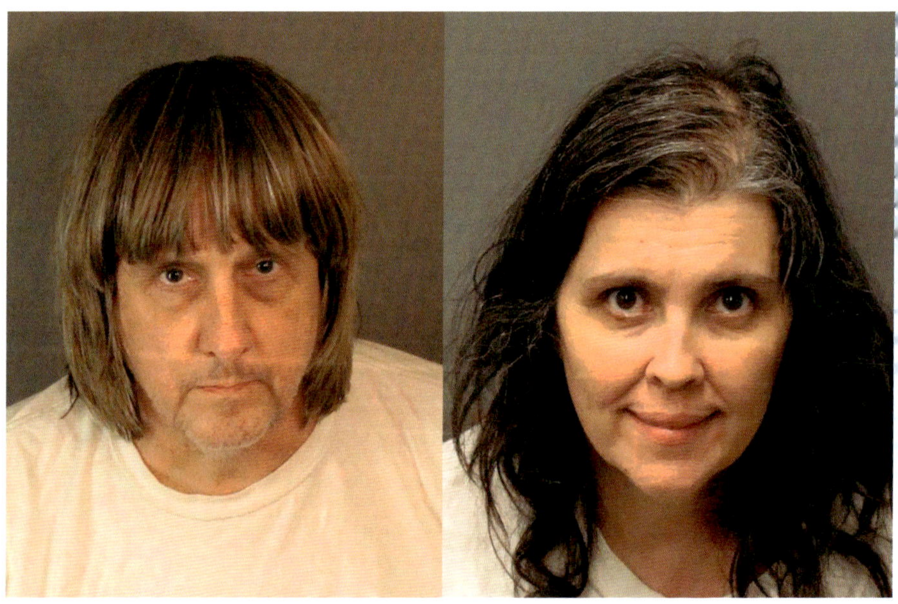

David y Louise Turpin. *Véase* cap. 8 (© UPI / Alamy Stock Photos)

a casa tras pasar la noche en un club nocturno. El cuerpo de Nechvoloda fue hallado por su madre a la mañana siguiente, cerca de su edificio de la calle Bogdán Jmelnitski. Posteriormente, Elena Shram, una vigilante nocturna de 27 años, encontró la muerte en una esquina de la calle Kosiora. Según la confesión de Sayenko, al acercarse Shram al grupo, Suprunyuk la golpeó varias veces con el martillo que llevaba oculto bajo su camiseta, hasta derribarla. Suprunyuk extrajo algunas prendas de la bolsa que portaba Shram para limpiar el martillo antes de deshacerse de ella. Esa misma noche, Valentina Ganzha, una madre de tres hijos que tenía su esposo discapacitado, fue la siguiente víctima, sin que se encontrara relación aparente con un individuo llamado Alexander Ganzha.

El 7 de julio, la violencia se cernió sobre Podgorodnye, un pueblo cercano, donde dos adolescentes de 14 años fueron atacados a plena luz del día mientras disfrutaban de la pesca. Andréi Sidyuck fue asesinado, aunque su compañero, Vadim Lyakhov, logró escapar del horror.

El 12 de julio, un hombre de 48 años, Sergéi Yatsenko, desapareció mientras se dirigía en bicicleta a visitar a su nieto. Su cuerpo, descubierto cuatro días después, mostraba evidentes signos de una agresión brutal. La atroz muerte de Yatsenko fue capturada en vídeo, añadiendo un capítulo más a aquella serie de homicidios que sacudieron a la comunidad ucraniana.

Estos asesinatos, llevados a cabo con una frialdad espeluznante, dejaron una profunda huella de miedo y desesperación en la zona. La brutalidad desplegada por Sayenko y Suprunyuk en un periodo de tiempo tan breve, junto a la falta de remordimientos evidenciada en sus confesiones puso al descubierto la peligrosa psicopatía de los perpetradores.

Los sucesos descritos forman parte de una cadena de homicidios que aterrorizó a los residentes de Dnipró y las localidades aledañas, evidenciando la necesidad de robustecer las medidas de seguridad y vigilancia para prevenir futuros actos de violencia de esa naturaleza. Además, este caso alertó a las autoridades de la importancia de fortalecer la salud mental y los servicios de apoyo psicológico para identificar y tratar trastornos que puedan derivar en comportamientos violentos.

## *TRENDING TOPIC*

El descubrimiento del cuerpo de Sergéi Yatsenko, de 48 años, en una plantación forestal cerca de un vertedero, tras cuatro días de búsqueda intensiva, sembró el horror y la indignación en el tranquilo pueblo de Taromskoye, ubicado en las periferias de Dnipró. A sus habitantes le costaba comprender que alguien pudiera haber causado daño a Sergéi, que fue calificado como «un hombre tranquilo y amable». Pero el impacto fue mayor, si cabe, al conocerse que la víctima, después de una operación de cáncer de garganta, apenas podía hablar en susurros.

Sergéi había sobrevivido anteriormente a situaciones adversas. Años atrás, un terrible accidente lo puso al borde de la muerte y, más adelante, una operación de cáncer le había otorgado una segunda oportunidad. Su esposa

Lena, con lágrimas en los ojos, recordó que era un padre y un abuelo devoto; que, pese a su estado de salud, nunca dejó de trabajar y siempre tenía una palabra amable para todo el mundo.

El 12 de julio, la rutina de Sergéi se vio interrumpida trágicamente. Después de poner combustible en su motocicleta, partió con la intención de visitar a su nieto, pero nunca llegó a aquel destino. Su última conversación con Lena fue a las dos y media de la tarde, cuando le dijo que volvería a casa después de la visita. Al caer la noche, la ausencia de Sergéi hizo saltar las alarmas. Las horas pasaban y la desesperación crecía. La búsqueda fue iniciada por Lena y varios amigos de Sergéi, quienes recorrieron los lugares que él frecuentaba. La desesperación los obligó a contactar con la policía, sin obtener respuestas.

La búsqueda se intensificó al día siguiente. Los hijos de Sergéi continuaron recorriendo el pueblo, mientras que su nuera distribuía anuncios con la fotografía de su suegro. La ley local dictaba que la policía solo podía iniciar la búsqueda cuando hubieran pasado tres días desde la desaparición, pero la familia no podía esperar. Finalmente, un testigo respondió al anuncio, guiando a la familia hasta la plantación forestal donde descubrieron la motocicleta y, más tarde, el cuerpo de Sergéi.

La noticia de la tragedia se extendió de inmediato por el pueblo y los alrededores, dejando una sensación de inseguridad y miedo que aún perdura.

Solo dos días más tarde, el 14 de julio, Natalia Mamarchuk, de 45 años, se dirigía en su ciclomotor hacia el pueblo vecino de Diyovka y, al cruzar un área boscosa, fue sorprendida por dos hombres que la derribaron. La atacaron con un objeto contundente, quizá un tubo o un martillo, para luego huir en el ciclomotor de su víctima. Aunque algunos testigos presenciales intentaron perseguirlos, los agresores lograron escapar.

Con el extraordinario aumento de las víctimas, los rumores sobre la posibilidad de que todos ellos estuvieran siendo perpetrados por una misma persona se propagaron por Dnipró. La conexión se estableció gracias al ataque del 7 de julio a dos jóvenes en Podgorodnye. Vadim Lyakhov, quien sobrevivió a pesar de ser golpeado en la cabeza y que, inicialmente, fue arrestado bajo sospecha de asesinato, colaboró en la elaboración de un perfil de los atacantes.

Fue entonces cuando se desplegó un equipo operativo liderado por el investigador principal Vasily Pascal. Más de dos mil empleados de las fuerzas del orden participaron en la búsqueda. Aunque en un principio la investigación se mantuvo en secreto, con el tiempo, se publicaron listas de objetos robados para las casas de empeño locales. Esto condujo al hallazgo, en el distrito de Novokodatskyi, de algunos artículos robados.

El caso empezó a esclarecerse cuando Viktor e Ígor, a plena luz del día y frente a varios testigos, atacaron a una joven para robarle su escúter. Un testigo observó a los criminales intentando sumergir en un lago las motocicletas robadas y alertó a la policía, proporcionando así la primera descripción de los asesinos.

El punto de inflexión llegó el 23 de julio, cuando los Maniacos de Dnipró, como ya empezaban a conocerse, intentaron vender en una casa de empeño un teléfono móvil que le habían robado a una de las víctimas. La policía interceptó la señal del teléfono cuando fue activado, lo que condujo a la compradora del dispositivo. Aunque los contactos habían sido eliminados, se encontraron un vídeo del asesinato de Sergéi Yatsenko y fotografías de cadáveres de animales mutilados. Esto permitió la identificación y detención de Viktor e Ígor el 24 de julio de 2007. También implicaron a un tercer miembro de la banda, Alexander, quien intentó deshacerse de los teléfonos robados arrojándolos al inodoro, aunque los investigadores lograron recuperarlos más tarde.

El célebre tema *Video Killed the Radio Star* ('El vídeo mató a la estrella de radio'), del grupo británico The Buggles, fue casi profético. Lo que sí puede afirmarse es que, habida cuenta de lo ocurrido con los Maniacos de Dnipró, fue el vídeo *online* el que mató a una docena de personas. O, al menos, supuso un incentivo para que los Maniacos de Dnipró se regodearan más aún en sus asesinatos: tenían la convicción de que acabarían adquiriendo renombre y lo consiguieron.

Los dispositivos electrónicos de los sospechosos, teléfonos móviles y ordenadores personales, guardaban una cantidad significativa de material gráfico relacionado con los asesinatos que habían cometido. Entre los archivos, uno en particular se filtró en internet y pudo ser visto por millones de personas, lo que hizo que los tres maniacos se convirtieran en estrellas salpicadas de sangre.

El vídeo documenta el asesinato de Sergéi Yatsenko. Aparece tendido en el suelo, bocarriba, en un entorno boscoso. Es atacado en el rostro en múltiples ocasiones con un martillo que antes había sido introducido en una bolsa de plástico.

A este material incriminatorio se suma una serie de fotografías igualmente perturbadoras. Los sospechosos fueron hallados en posesión de numerosas imágenes que los mostraban asistiendo a los funerales de las personas a las que habían asesinado. En esas fotos se puede ver a los asesinos sonriendo e incluso haciendo gestos obscenos con los dedos cerca de los ataúdes y en las inmediaciones de las lápidas de sus víctimas.

Tras la investigación policial y en vista de toda aquella documentación, sumada a las largas sesiones de interrogatorios, este fue el recuento preliminar del rastro de muerte que aquellos tres maniacos habían dejado tras de sí:

- 25 de junio de 2007: Evgeniya «Katya» Ilchenko fue asesinada en la calle Shelgunov, zona residencial de Kommunar. Pocos minutos después, muy cerca, Roman Tatarevich fue encontrado muerto.
- 1 de julio de 2007: Evgeniya Grischenko perdió la vida en la calle Komsomolskaya de la ciudad de Novomoskovsk.
- 1 de julio de 2007: Nikolái Serchuk fue asesinado en la calle Frunze de Novomoskovsk.
- 7 de julio de 2007: Elena Shram fue encontrada sin vida en la calle Kosiora.
- 7 de julio de 2007: Egor Nechvoloda fue asesinado en la calle Bogdán Jmelnitski.
- 7 de julio de 2007: en el centro recreativo White

Acacia, ubicado a las afueras de la ciudad de Podgorodnye, Andréi Sidyuck fue asesinado.

- 11 de julio de 2007: Nikolái Pshenichko fue encontrado muerto cerca de un camino forestal en las cercanías del pueblo de Peschanka.
- 15 de julio de 2007: el cadáver de V. Ravkovsky fue localizado cerca de la carretera Járkov-Simferopol, en el distrito de Novomoskovsk.
- 16 de julio de 2007: Sergéi Yatsenko fue encontrado muerto en una zona forestal cercana al pueblo de Taromskoye.
- 14 de julio de 2007: Natalia Mamarchuk fue asesinada en una plantación forestal ubicada en la calle Kostromskaya.
- 14 de julio de 2007: el cuerpo de un hombre no identificado fue hallado en una zona boscosa cerca de la calle Kommunarovskaya.
- 15 de julio de 2007: fue encontrado el cadáver de un hombre desconocido cerca de la carretera que lleva a la zona residencial Oeste.

Durante el juicio, sin embargo, saldrían a la luz más víctimas.

## CONSECUENCIAS

La escalofriante revelación de que tres jóvenes recién graduados de la escuela secundaria pudieran ser los autores de crímenes tan atroces dejó atónitos no solo a los directivos escolares, sino también a toda la comunidad local. La perturbadora idea de que aquellos asesinos en serie habían estado cerca de sus hijos generó un ambiente de temor y angustia en la población.

El padre de Viktor Sayenko, quien ejercía la abogacía, asumió el papel de defensor legal de su hijo durante el proceso judicial. Durante el juicio, intentó en varias ocasiones socavar la validez de la investigación. Este contraste entre las declaraciones iniciales y posteriores de las autoridades, así como los esfuerzos del padre abogado para desacreditar el caso, añadieron capas adicionales de complejidad y controversia al ya de por sí delicado proceso. Muchas de las réplicas quizá nunca serán resueltas.

Un amigo del trío de delincuentes, Kozlov, quien también había sido detenido en otro caso, declaró en su contra a cambio de obtener unas condiciones más favorables, convirtiéndose en el principal testigo de la acusación. En el edificio que servía como escondite secreto para los acusados, se confiscaron un martillo con rastros de sangre y archivos de vídeo en un ordenador. La cantidad de material probatorio, que incluía vídeos de los propios delincuentes, era suficiente para establecer un veredicto de culpabilidad. Los cargos presentados incluyeron asesinato e intento de asesinato, agresión, posesión ilícita de armas de fuego y crueldad hacia los animales. El juicio comenzó en junio de 2008 y se consideró que, aproximadamente, unas cincuenta víctimas estaban implicadas en el caso.

Finalmente, en total se les atribuyeron veintinueve agresiones, de las cuales veintiuna derivaron en asesinatos, mientras que, en ocho casos, las víctimas lograron sobrevivir. Suprunyuk, uno de los sospechosos, fue acusado en veintisiete casos distintos, que abarcaban veintiún asesinatos, ocho robos a mano armada y un perturbador caso de desollamiento. Sayenko, por su parte, se enfrentó a cargos en veinticinco casos, que incluyen dieciocho asesinatos, cinco robos y una violación. Ganzha fue acusado de participar en dos episodios de robo a mano armada.

El 11 de febrero de 2009, Suprunyuk y Sayenko fueron condenados a cadena perpetua. Alexander Ganzha, el único en admitir que era culpable y mostrar arrepentimiento, recibió una condena de nueve años en una cárcel de máxima seguridad.

A pesar del veredicto de culpabilidad, Sayenko y Suprunyuk siguieron negando su responsabilidad en los hechos, aunque Sayenko, finalmente, los reconocería. Sus padres decidieron apelar la sentencia. Primero, llevaron el caso ante el Tribunal de Apelaciones de Dnipró, que el 15 de agosto de 2009 mantuvo la sentencia original. Con posterioridad, recurrieron al Tribunal Supremo de Ucrania, que el 24 de noviembre del mismo año ratificó las decisiones de los tribunales inferiores, manteniendo la condena a cadena perpetua para ambos. En cuanto a Ganzha, decidió no recurrir su condena de nueve años de prisión.

# ANÁLISIS DEL CASO

En toda mi trayectoria como profesional de la psicología y después de analizar muchos comportamientos psicopáticos para mis vídeos y documentales, rara vez he encontrado un caso que haya impactado tanto mi percepción como la masacre de Dnipró. Los vídeos y grabaciones relacionados con estos crímenes muestran un nivel de brutalidad y desprecio por la vida humana que excede cualquier parámetro conocido en la psicología criminal.

A pesar de mi experiencia frente a actos de violencia extrema, las imágenes capturadas en esos vídeos revelan una crueldad y frialdad que desafían la comprensión. Estamos hablando de unos individuos capaces de asesinar a un inocente elegido al azar, aunque se trate de un niño, y torturarlo por pura diversión mientras lo graban todo, incluso llegando al extremo de sacarle los ojos mientras está con vida o a introducir varillas por las cuencas oculares para tocar su cerebro.

Todo eso, mientras la víctima agoniza de dolor. Todo, entre risas y frivolidad.

Intentaremos, con nuestro análisis, desentrañar cómo individuos, en apariencia, comunes, pueden transformarse en agentes de una violencia tan extrema. La excepcional brutalidad de la masacre de Dnipró, capturada en esos vídeos, no solo constituye un desafío para el análisis criminológico, sino que también plantea profundas preguntas sobre la naturaleza del mal y los límites de la depravación humana.

## ANÁLISIS PSICOLÓGICO DE LOS ASESINOS

### Ígor Suprunyuk

El análisis psicológico de Ígor Suprunyuk revela facetas complejas y perturbadoras. Si bien se caracterizaba por ser una persona reservada y tímida, mostraba tendencias agresivas hacia otros en la escuela, excepto con sus dos amigos cercanos, Alexander Ganzha y Viktor Sayenko. Esta mezcla de timidez y agresividad apunta a una personalidad conflictiva y potencialmente inclinada a la violencia en determinadas situaciones.

Un aspecto notable en su comportamiento fue cómo afrontaba los miedos. Suprunyuk y sus amigos se sometían a situaciones que les provocaban temor, como arriesgar la vida desde una altura considerable o ver la sangre de un animal, lo que los condujo a una desensibilización gradual. Este método de confrontación directa, aunque puede ser terapéutico en algunos contextos, en su caso, derivó en un aumento de la crueldad y una disminución de la empatía, en especial, cuando empezaron a torturar y matar animales.

La influencia de ideologías extremistas también tuvo un rol importante en su psicología. Ígor impulsaba a sus amigos a admirar a Adolf Hitler, lo que denota una fascinación por figuras autoritarias y violentas. Esta admiración, unida a actos de crueldad contra animales, como pintar símbolos nazis con la sangre de sus víctimas, sugiere una inclinación hacia el fascismo y una identificación con ideales de dominación y superioridad.

Por último, la constante exposición a la violencia y la muerte no solo mitigó sus miedos, sino que, además, desencadenó un interés por aumentar la violencia, empujando a Suprunyuk y sus cómplices hacia la violencia extrema contra seres humanos. Este camino gradual en pro de la brutalidad, alimentado por una combinación de desensibilización, ideologías radicales y una falta de repulsión hacia la violencia, retrata una personalidad profundamente perturbada y peligrosa.

## Viktor Sayenko

Viktor Sayenko exhibió una personalidad sumisa y retraída a lo largo de su vida. Desde la adolescencia, desarrolló una importante dependencia psicológica de Suprunyuk, marcada por el miedo constante que le tenía y el abuso en general. La mezcla de miedo y sumisión revela que era proclive a dejarse influenciar por otras personas e incluso que mantenía una lucha interna debido a la falta de confianza en sí mismo. Esto sugiere una tendencia a subordinarse a figuras dominantes.

A pesar de estos desafíos en su desarrollo personal, Sayenko logró mantener un cierto grado de normalidad, de modo que continuó los estudios en el Instituto Metalúrgico y trabajó como guardia de seguridad. Sin embargo, su relación con Suprunyuk lo llevó por un camino oscuro, participando juntos en actividades delictivas, como el robo a pasajeros que recogían en el falso taxi de Ígor. Estos actos de delincuencia menor fueron escalando progresivamente hacia comportamientos antisociales y violencia extrema, lo que reflejan una desensibilización gradual frente a la violencia y una falta de empatía.

Pese a su participación en crímenes horribles, Sayenko mostró cierta conciencia de sus actos al declararse culpable de todos los cargos durante el juicio, a diferencia de Suprunyuk. Esta aceptación de su responsabilidad indica un reconocimiento de la gravedad de lo que hizo.

### Alexander Ganzha

Alexander Ganzha, a menudo considerado como el miembro más secundario del grupo, desempeñó un papel bastante menor en comparación con Viktor Sayenko e Ígor Suprunyuk. No existen pruebas de que Ganzha participara en los asesinatos y, de hecho, no fue condenado por esos crímenes. Su implicación se centró, sobre todo, en los robos que realizó el grupo.

## DINÁMICA DE GRUPO

**Influencia y dependencia:** la relación que había entre Viktor Sayenko e Ígor Suprunyuk, marcada por una dependencia psicológica profunda del primero hacia el segundo, es esencial para entender los sucesos trágicos de la masacre de Dnipró. Esta dependencia no se basaba en una amistad convencional, sino que venía determinada por un miedo persistente y una dinámica de poder desequilibrada. Desde su adolescencia, Sayenko vivió bajo una sombra constante de temor hacia Suprunyuk, lo cual indica que la relación entre ellos estaba cimentada en una estructura de control y dominación.

El miedo que Sayenko sentía era complejo y multifacético. Podría haber incluido el temor a la violencia física o la intimidación psicológica, así como la ansiedad por perder la relación con Suprunyuk, que, a pesar de su naturaleza tóxica, ofrecía un sentido de pertenencia y guía. Este miedo se convirtió en un motivador poderoso para Sayenko, hasta el punto de llevarlo a actuar de maneras que quizá no habría considerado sin la influencia de Suprunyuk.

La dinámica entre ellos era típica de muchas relaciones abusivas, donde el abusador ejerce su poder a través de la intimidación y el control. Suprunyuk, asumiendo el papel del líder, quizá utilizó una amplia gama de tácticas para mantener su influencia sobre Sayenko, que iban desde la manipulación emocional hasta amenazas directas. Esta coerción fue un elemento clave en la participación de Sayenko en los crímenes, pues se da el caso de que, en muchas relaciones disfuncionales, la parte dependiente a menudo se ve arrastrada hacia comportamientos que van en contra de sus principios morales o personales.

El impacto de vivir bajo tal grado de miedo y sumisión es profundo y de largo alcance. Así, no solo influyó en las acciones conjuntas de Sayenko y Suprunyuk, sino que es probable que dejara secuelas duraderas en la salud mental de Sayenko. Los efectos de este tipo de relación pueden incluir trastornos como el estrés postraumático, problemas de autoestima y dificultades para establecer relaciones saludables en el futuro.

**Comportamiento conjunto *versus* comportamiento individual:** la relación entre Viktor Sayenko e Ígor Suprunyuk evolucionó hacia una escalada progresiva y conjunta de violencia que explica sus acciones posteriores. Esta progresión desde actos juveniles relativamente inofensivos a crímenes de una violencia extrema ilustra cómo la dinámica de grupo puede alterar y amplificar el comportamiento individual.

Desde el comienzo, su relación se basó en los desafíos mutuos y la superación de temores personales, como el intento de vencer el miedo a las alturas. Sin embargo, esa tendencia a enfrentarse juntos a sus propias aprensiones se torció poco a poco hacia una dirección más siniestra. La decisión de torturar animales, un acto extremo y perturbador, es un ejemplo de cómo su influencia mutua los llevó a cruzar límites que, a título individual, podrían no haber traspasado. Este comportamiento grupal sirve como un indicador temprano de la escalada de violencia y sugiere que la presencia y el aliento del otro servían como catalizador para actos cada vez más atroces.

La dinámica de grupo entre Sayenko y Suprunyuk puede entenderse a través de varios marcos psicológicos.

Por un lado, la desindividuación, un concepto de la psicología social que se refiere a la pérdida de la autoconciencia y la disminución de la sensación de responsabilidad individual que puede ocurrir en grupos. Este fenómeno fue estudiado y desarrollado por Leon Festinger, junto con Albert Pepitone y Theodore Newcomb, quienes contribuyeron de un modo significativo a la comprensión de cómo los individuos pueden comportarse de manera diferente en situaciones grupales, en comparación a cuando están solos.

La teoría de la desindividuación propone que, en ciertas situaciones grupales, en especial, cuando hay un grado de anonimato o difusión de la responsabilidad, las personas pueden perder su sentido de individualidad. Esto llevaría a una disminución en la autorregulación y a un aumento de la conformidad con las normas grupales, incluso son antagónicas a las normas sociales o personales habituales. El anonimato, ya sea físico o psicológico, es un factor clave aquí, ya que reduce el temor a la evaluación social y a las consecuencias de las acciones.

Un estudio emblemático que ilustra la desindividuación es el experimento llevado a cabo por Philip Zimbardo sobre el anonimato y la agresión. En este experimento, se investigó la influencia del anonimato en el comportamiento agresivo. En el estudio solo participaron mujeres, que fueron divididas en dos secciones: un grupo que llevaba una capucha y cuya identidad era anónima, y otro grupo cuya identidad era claramente visible. Se encontró que las mujeres del grupo anónimo exhibieron niveles de agresividad mucho más altos en comparación con las del grupo identificable. Este resultado demostró que el anonimato puede desempeñar un papel crucial en la facilitación de comportamientos desinhibidos y más extremos.

Por otro lado, la teoría de la polarización de grupo sugiere que los miembros de una agrupación tienden a tomar decisiones más extremas si están juntos que de manera individual. Esta teoría fue en principio propuesta y explorada por James Stoner y otros investigadores en la década de los sesenta del siglo XX. En el contexto de Sayenko y Suprunyuk, esto podría haber significado que cada paso en su escalada de violencia fue, en parte, el resultado de querer impresionar o emular al otro, o de no quedarse atrás. La competencia implícita o el deseo de ganar la aprobación del otro podría haberlos llevado a actos cada vez más extremos.

La polarización de grupo es importante porque muestra que las discusiones en equipo no siempre conducen a decisiones moderadas o «en el medio». En cambio, a menudo, estas discusiones pueden llevar a conclusiones más desmedidas. Esto tiene implicaciones significativas en una gran variedad de contextos, desde el ámbito empresarial, a la hora de tomar decisiones, hasta la política.

Un estudio emblemático que ilustra la polarización de grupo es el experimento de «riesgo colectivo» de Stoner. Se mostró a los participantes una serie de dilemas de toma de decisiones, primero, individualmente y, luego, como grupo. Lo que demostró fue sorprendente: los grupos tendían a tomar decisiones más arriesgadas en comparación con las que sus miembros habían tomado de manera individual. Este fenómeno, conocido como *shift towards risk* ('desplazamiento hacia el riesgo'), demostró que la discusión en grupo puede alterar y amplificar unas opiniones más ponderadas.

**Nula capacidad moral y emocional:** la descripción del juez sobre Viktor Sayenko e Ígor Suprunyuk, centrada en la «pobreza de su mundo emocional y su ausencia de interés en las personas y las normas morales», pone en evidencia la grave falta de desarrollo emocional y moral de los acusados, lo cual es fundamental para comprender sus acciones. Esta carencia se manifiesta de varias maneras y tiene implicaciones profundas.

En primer lugar, la falta de empatía es una de las consecuencias más evidentes y preocupantes. La empatía permite a las personas sentir y entender el dolor ajeno, actuando como un freno natural contra la crueldad. Sin ella, Sayenko y Suprunyuk pudieron perpetrar actos de violencia extrema sin sentir remordimiento o culpa, desvinculándose por completo del sufrimiento que causaban.

Esta deficiencia en su desarrollo también sugiere una comprensión limitada o incluso distorsionada de las consecuencias de sus actos. En ausencia de una base moral sólida, acciones que son del todo reprobables para la mayoría pueden no serlo para ellos, llevándolos a justificar, en su fuero interno, los actos violentos.

La conciencia moral, que se cultiva a lo largo de la vida, requiere integrar aspectos emocionales y cognitivos, incluyendo la capacidad de sentir remordimiento y entender las normas sociales y legales. La falta de desarrollo de esta conciencia en Sayenko y Suprunyuk implica que nunca lograron una madurez moral, esencial para vivir de manera ética y empática.

Además, esta carencia emocional y moral puede estar vinculada a una desensibilización ante la violencia. La exposición repetida a actos violentos, sobre todo, desde jóvenes, puede reducir la sensibilidad hacia esos actos, haciendo que la violencia extrema se perciba como algo normal o menos impactante.

Por último, la pobreza de su mundo emocional afectó sus relaciones interpersonales. La capacidad para formar vínculos saludables y significativos es, a menudo, deficiente en personas con un desarrollo emocional y moral limitado, lo que puede desembocar en relaciones basadas en la manipulación y la violencia, en lugar del respeto mutuo y la comprensión.

## PSICOPATÍA... ¿EVIDENTE?

Determinar si Viktor Sayenko e Ígor Suprunyuk podrían ser calificados de «psicópatas» es un tema complejo y requeriría una evaluación psicológica profesional detallada, que incluya exámenes clínicos y diagnósticos. Sin embargo, basándonos en la información pública disponible sobre su comportamiento y acciones, algunos de sus actos reflejan características asociadas con la psicopatía, como la falta de empatía, la crueldad extrema, la manipulación y la ausencia de remordimiento.

Sin embargo, es importante señalar que el comportamiento criminal extremo por sí solo no es suficiente para diagnosticar la psicopatía. La psicopatía es un trastorno de personalidad complejo que involucra una gama más amplia de comportamientos y rasgos de personalidad. Además, factores como el entorno, las experiencias de vida y otras condiciones psicológicas pueden influir en el comportamiento criminal sin que necesariamente se trate de una psicopatía.

> La psicopatía es un trastorno de personalidad complejo. Según el Modelo Triárquico de Christopher Patrick, se compone de tres rasgos centrales: atrevimiento, desinhibición y mezquindad. El atrevimiento implica una tolerancia al estrés y una audacia que puede manifestarse como valentía social y encanto superficial. La desinhibición, por otro lado, se manifiesta como impulsividad e imprudencia, con una falta de planificación y previsión. La mezquindad se traduce en una falta de empatía y una disposición para explotar a los demás en beneficio propio.

En este caso concreto y por lo que se sabe públicamente, creo que Ígor tiene un perfil mucho más cercano a la psicopatía que Viktor; su tendencia a la manipulación y dominación de los demás, la falta absoluta de empatía, la negación de cualquier responsabilidad o remordimiento y su impulsividad y necesidad de nuevos *inputs* cada vez más violentos sugieren un perfil psicológico con rasgos psicopáticos.

Por otro lado, Viktor tiene un perfil de persona más sumisa y manipulable, hasta el extremo de ser arrastrado por la virulencia y brutalidad de su compañero, en parte, por su fascinación hacia él, en parte, por temor. Además, demostró una mayor capacidad para entender las consecuencias de sus actos, como cuando reconoció su participación en los asesinatos.

## ANÁLISIS SOCIOLÓGICO

Un estudio de Liana Y. Zanette y otros investigadores de la Universidad de Ontario Occidental, publicado en octubre de 2023, sugería que los animales salvajes temen más a los humanos que a los leones.

El estudio se llevó a cabo en el Parque Nacional Greater Kruger, en Sudáfrica, que es un espacio de alta biodiversidad. Los investigadores evaluaron cómo los animales reaccionaban al sonido de las voces humanas en comparación con otros ruidos, como los de otros depredadores. Los resultados muestran que los animales son dos veces más propensos a huir y abandonan los abrevaderos un cuarenta por ciento más rápidamente cuando oyen hablar a los humanos.

Huir o abandonar el abrevadero fue una respuesta que observaron en el noventa y cinco por ciento de las especies, que incluían jirafas, leopardos, hienas, cebras, antílopes, jabalíes e impalas. «El miedo a los humanos superó con creces al de los leones en toda la comunidad de mamíferos de la sabana», según el estudio publicado en *Current Biology*.

En el caso específico de los maníacos de Dnipró, la idea de que los animales teman a los seres humanos está del todo justificada. Pero ¿cuál fue el caldo de cultivo sociológico que produjo esta clase específica de seres humanos?

## CONTEXTO FAMILIAR Y SOCIAL

Los medios de comunicación dijeron que los sospechosos provenían de familias con cierta influencia y recursos. Por ejemplo, el padre de Suprunyuk había sido piloto de pruebas y se relacionó con personajes importantes, como el futuro presidente de Ucrania, Leonid Kuchma. Aunque las autoridades negaron que los sospechosos provinieran de familias adineradas, el hecho de que a Sayenko lo representara en el juicio su padre, pues era abogado, sugiere cierto nivel de recursos y conexiones sociales. Este contexto quizá contribuyó a que el joven tuviera cierto sentido de impunidad o unas expectativas distorsionadas sobre su conducta y las consecuencias de sus acciones.

Queda claro, en esta ocasión, que los asesinos no pertenecían a familias desestructuradas ni vivían situaciones anómalas en casa y, por tanto, es imposible imputar a la pobreza o a los problemas familiares la raíz de los asesinatos o del comportamiento sádico de los chicos.

## TODO POR LA FAMA

Viktor e Ígor tenían unas ganas locas de ser famosos, lo que demuestra el papel pernicioso que puede tener el ego cuando se trata de hacer maldades. Buscaban llenarse los bolsillos, pero además tenían un egocentrismo brutal y veían la fama y el reconocimiento de una forma del todo distorsionada.

En este caso, el ego no es solo creerse el mejor, sino una necesidad enfermiza de atención y aplausos a toda costa. Esa obsesión puede ocultar la más mínima moralidad o empatía, empujando a la gente a hacer cosas extremas y horribles para que hablen de ellos. En el caso de Sayenko y Suprunyuk, esto se transformó en algo muy turbio, hasta el extremo de que convirtieron el acto de matar en un *show* para ser grabado y, quizá, hasta para compartirlo.

El plan de grabar sus crímenes para ser «famosillos» es un ejemplo delirante de cómo un ego desbocado y una sed insaciable de atención pueden acabar en una violencia y una crueldad desaforadas. Es un vistazo al lado más tenebroso de la mente humana, donde ser el centro de atención importa más que cualquier límite moral o humano.

Los neópatas son quienes buscan ganar reconocimiento en internet a cualquier precio, incluso si eso significa perjudicar a otros. La neopatía incluye a quienes exhiben sus tensiones, delirios, agresividad o problemas psicóticos a través de internet. Estas personas se aprovechan del alcance masivo de la red y del anonimato que esta ofrece para enviar amenazas o difundir sus actos delictivos, por lo que utilizan el espacio digital como un escenario para sus comportamientos disruptivos.

Uno de los casos más tempranos relacionados con este fenómeno es el del coreano Seung-Hui Cho, quien, en 2007, perpetró una masacre en Virginia Tech, asesinando a treinta y dos personas. Además, envió un vídeo a la cadena NBC tras asesinar a las dos primeras víctimas. En el vídeo, Cho describió el sufrimiento que le infligían sus compañeros y su intención de venganza.

En España, se han registrado casos similares, como el del *youtuber* conocido como Reset. Fue condenado a quince meses de cárcel y una multa de 20.000 euros por humillar a una persona indigente. Su «broma» consistió en rellenar una galleta con pasta de dientes, que le provocó al hombre, además de problemas estomacales, una humillación pública.

## POSIBLE ENRIQUECIMIENTO CON PELÍCULAS *SNUFF*

Viktor e Ígor, aparte de querer ser famosos y tener el ego por las nubes, parece que pensaban realizar algo aún más macabro: filmar vídeos *snuff* para venderlos, como dicen algunos que los conocían. Esto le añade un aspecto todavía más siniestro a lo que hicieron. Es como abrir una ventana a un rincón muy oscuro de sus cabezas y ver sus motivaciones.

Primero, la idea de conseguir dinero a base de violencia extrema es una mezcla tóxica de codicia y desprecio por lo que está bien y lo que no. Querer ganar dinero a costa de la muerte y el sufrimiento ajeno demuestra un menosprecio brutal por la vida. Pensar que hay gente que paga por ver esas barbaridades dice mucho, y nada bueno, sobre ciertos rincones de la mente del ser humano.

Asimismo, planear y llevar a cabo asesinatos para filmarlos es tratar a las víctimas como si fueran cosas. No es solo que les falte empatía, es como si normalizaran la violencia más brutal y se acostumbraran a ella, subiendo el nivel cada vez más.

Si de verdad tenían en mente vender vídeos *snuff*, significa que sus crímenes eran aún más retorcidos. No solo serían dos chicos haciendo barbaridades por gusto o por no poder evitarlo, sino también buscando lucrarse a costa del dolor de los demás. Esta falta de empatía produce escalofríos y solo puede interpretarse como una desconexión total de cualquier valor moral. Habla de una mente muy trastornada y de un problema más grave en la sociedad y la cultura, donde se glorifica y se consume la violencia.

## Conclusión

El caso de la masacre de Dnipró es uno de esos episodios que sacuden lo más profundo de nuestro ser. A medida que he ido desentrañando los detalles de este caso, cada revelación ha sido más perturbadora que la anterior. Ver siquiera una fracción de las grabaciones ha sido una experiencia insoportable. El nivel de sadismo que se exhibe es raramente presenciado, un despliegue de brutalidad que desafía toda comprensión.

Este caso no es solo extremo, sino que ha sido doloroso de investigar. Intentar comprender cómo los seres humanos pueden llegar a tal punto de depravación es una tarea desalentadora. Aunque la psicopatía proporciona alguna explicación, no es suficiente para abarcar la magnitud de lo sucedido. En este caso tan perturbador, hay algo que va más allá de las clasificaciones clínicas.

La reflexión sobre los extremos a los que llegan algunos seres humanos cuando pierden todo el respeto por la humanidad ha dejado en mí una huella difícil de borrar.

# 6

# EL DIABLO DE AKIHABARA (Tokio, 2008)

## IDIOSINCRASIA JAPONESA

*Un día, Tomohiro Kato decidió apartarse de lo racional y atropelló y apuñaló a un gran número de tokiotas. El caso fue calificado como el peor acto criminal de las últimas tres décadas.*

En 1959, el camión ELF, de Isuzu Motors, se consolidó como una especie de leyenda sobre ruedas en el paisaje industrial japonés. Desde entonces, su presencia comercial omnipresente ha eclipsado otros productos de la marca, incluso en los periodos en que Isuzu se aventuró a la fabricación de turismos. Tras lograr la supremacía en el mercado de camiones de dos toneladas en 1975, ELF se ha erigido como el arquetipo del camión compacto en Japón.

Una característica fascinante de ELF es su camaleónica versatilidad. El vehículo se presenta con un espectro tan amplio de modelos que su naturaleza parece moldearse en función de las demandas de su carga. Aunque los motores diésel han sido una constante, la firma ha explorado con vehículos eléctricos y una variada gama de combustibles alternativos, como gas licuado de petróleo (GLP) o gas natural comprimido (GNC).

Un día, incluso, el icónico camión nipón se utilizó para matar a gente.

Ese día fue el 8 de junio de 2008, pasadas las doce y media del mediodía, en la intersección de las calles Kanda Myojin y Chuo, en el barrio de Sotokanda 4-chome,

Chiyoda-ku, Tokio. Tomohiro Kato, de 25 años, conducía su flamante camión ELF de dos toneladas. Venía desde el oeste por la intersección de Kanda Myojin-shita y se detuvo en el cruce con Chuo-dori. Ignorando un semáforo en rojo, hundió el pie en el acelerador y atropelló a cinco peatones que cruzaban la calle con el semáforo en verde.

Sin embargo, la pesadilla solo acababa de empezar.

## LAS RAREZAS DE UN PAÍS AISLADO

Viajar a Japón es como aterrizar en Marte o en alguna isla perdida en el Pacífico Sur, pero sin renunciar a todo el confort y las comodidades del Primer Mundo. También te da la oportunidad de asistir a una clase avanzada de sociología. Porque aquí, muchas de las cosas que damos por sentado funcionan justo al revés.

Por ejemplo, la hipocresía.

No decir las cosas a la cara está mal visto en Occidente, pero en Japón, es un signo de distinción, una forma de ser educado. Aquí esa hipocresía educada se llama *tatemae*. En otras palabras, *tatemae* es una especie de máscara social que se utiliza para crear armonía con las expectativas y normas del entorno. Esta idea puede entenderse mejor en contraposición al concepto de *honne*, que se refiere a los verdaderos sentimientos y pensamientos de una persona, los cuales suelen mantenerse en el ámbito privado o se comparten únicamente en círculos íntimos y de mucha confianza.

Esto provoca que los japoneses educados apenas puedan mostrarse como en verdad son. También favorece que las personas parezcan muy amables y solícitas. Sin embargo, debajo de esas sonrisas tensas, puede haber una profunda tristeza y soledad.

Así, aunque Japón es un reino idílico para *geeks*, frikis, *nerds* y *otakus*, solo es una capa superficial, el baño de oro de un cubierto oxidado. Porque, debajo de todo ese oropel, tras apartar el velo del *tatemae*, podemos encontrar una ponzoña inimaginable. He aquí algunos ejemplos:

1. **Bajas pensiones y delincuencia geriátrica:** la situación financiera de los pensionistas en Japón es preocupante. Muchos ancianos tienen dificultades para llegar a fin de mes y, en casos extremos, algunos cometen pequeños delitos con el objetivo de ser encarcelados y así asegurarse techo y comida. Un pequeño delito puede ser, simplemente, robar un sándwich de un *konbini* (tienda de conveniencia), como Lawson, Family Mart o Seven Eleven.
2. **Gerontocracia y resistencia al cambio:** la cultura corporativa y política en Japón suele dar preeminencia a la antigüedad por encima del mérito o la habilidad. Esto puede conducir a una resistencia al cambio y la adopción de nuevas tecnologías, como es el caso del uso persistente del fax en oficinas. La gerontocracia limita también la entrada de nuevas ideas y perspectivas en la toma de decisiones. Así, tu valía en un trabajo se mide tanto por tu esfuerzo como por tus años de antigüedad: si llevas un año

más en una oficina, tu estatus será siempre superior, aunque desempeñes peor tu trabajo.

3. **Sexismo y acoso:** Japón recibe críticas continuas por el trato que los hombres dan a las mujeres, tanto en el ámbito laboral como en el social. El *matahara* (acoso laboral por quedarse embarazada) y el *sekuhara* (acoso sexual) son problemas persistentes. En el transporte público, el acoso es tan común que existen vagones exclusivos para mujeres durante las horas punta, en un intento por mitigar el problema.
4. **Presión laboral y cultura del presentismo:** existe una intensa presión para dedicar largas horas al trabajo, a menudo, a expensas de la vida personal y familiar. Este énfasis en el presentismo laboral, es decir, la necesidad de estar presente en el lugar de trabajo, independientemente de la productividad, puede llevar a la fatiga, el agotamiento y la disminución del bienestar general. De hecho, quedarse dormido en el metro es un síntoma de que estás agotado y, por consiguiente, de que eres muy trabajador.
5. **Falta de inclusión social:** las minorías étnicas, como los ainu o los residentes de origen coreano, a menudo afrontan barreras sociales y económicas. Un sondeo llevado a cabo por un grupo de investigadores liderado por Kim Sang-gyun, profesor de derecho penal de la Universidad Ryukoku, halló que el ochenta por ciento de estudiantes con raíces extranjeras se sienten discriminados. El racismo y la xenofobia no están tan mal vistos como en Occidente.

6. **Crisis de la salud mental:** aunque el tema continúa siendo en gran medida tabú, Japón tiene una de las tasas más altas de suicidio entre los países desarrollados. El estigma asociado a los problemas de salud mental puede disuadir a las personas de buscar ayuda.
7. **Expectativas sociales rígidas:** desde jóvenes, los japoneses se enfrentan a fuertes presiones sociales y académicas que pueden desembocar en ansiedad y estrés. La necesidad de amoldarse a ciertas normas y expectativas puede ser asfixiante para la individualidad y el desarrollo personal, rasgos que apenas se consideran importantes en una sociedad tan colectivista como la japonesa, donde lo importante es que la sociedad funcione, no que tú seas feliz.

Si aún no has quedado convencido de toda la oscuridad que esconde Japón tras sus mascotas *kawaii*, debes saber también que gran parte de su dinámica social está influenciada por ciertas percepciones de género que podrían interpretarse como una manifestación de inseguridad masculina frente a la feminidad empoderada. Las mujeres que muestran rasgos de personalidad fuerte o que se comportan de manera adulta y segura a menudo se consideran como figuras que pueden generar inquietud en los hombres. Este fenómeno no es solo observable a través de representaciones físicas, como una dentadura imperfecta, una sonrisa tímida o un comportamiento infantil, sino que también se refleja en una amplia gama de símbolos y prácticas culturales que perpetúan esta estructura de poder desequilibrada.

En el contexto de las relaciones interpersonales y, más específicamente, de la industria del entretenimiento para adultos, existe un espectro que va desde la prostitución en su sentido más tradicional (sexo a cambio de dinero sin ninguna interacción social significativa) hasta formas de compañía que no implican mantener relaciones sexuales, pero sí tienen una carga emocional. Un buen ejemplo de esta categoría intermedia son los Maid Café. Estos establecimientos son, en esencia, cafeterías donde los clientes no solo pagan por consumir alimentos y bebidas, sino también por la compañía de mujeres jóvenes que se visten y actúan de acuerdo con ciertos arquetipos, como el de la sirvienta.

Las mujeres que trabajan en estos Maid Cafés suelen presentarse como figuras dóciles, sonrientes y accesibles, diseñadas para ser todo menos amenazantes. Ofrecen una especie de apoyo emocional en un entorno controlado, donde los clientes pueden compartir sus inseguridades o preocupaciones sin temor al juicio o la censura. Estos espacios, por lo tanto, no solo reflejan una demanda de interacción emocional, sino que también perpetúan la idea de que los hombres se sienten más cómodos en entornos donde las mujeres se ajustan a roles tradicionalmente subordinados o sumisos.

Otro detalle más: ¿por qué los japoneses cuidan su línea y se alimentan de modo saludable? Desde hace algunos años, el Gobierno japonés ha implementado una política que exige a las empresas medir la circunferencia de la cintura de sus empleados y empleadas que tienen cuarenta años o más. Para los hombres, el límite establecido es de ochenta y cinco centímetros, mientras que para las mujeres es de noventa centímetros. En caso de que los empleados o las empleadas superen estos límites, se les insta a tomar medidas para reducir su peso.

Este enfoque no es solo un incentivo para la salud individual, sino que también tiene implicaciones financieras para las empresas. Si los empleados no logran alcanzar los objetivos de reducción de peso, la compañía se enfrenta a la posibilidad de tener que contribuir con más impuestos al sistema nacional de salud. Este mecanismo, conocido en ocasiones como Ley Metabo, tiene como objetivo abordar problemas de salud relacionados con la obesidad y las enfermedades crónicas asociadas, como la diabetes y las enfermedades cardiacas. La iniciativa busca no solo reducir los costes de la atención médica a largo plazo, sino también fomentar una cultura del bienestar que beneficie tanto a las personas como a las comunidades en las que viven.

Sin embargo, esta política también ha sido objeto de controversia y debate. Algunos críticos argumentan que puede conducir a la estigmatización de las personas con sobrepeso y añadir presiones psicológicas. Además, cuestionan la efectividad de tal enfoque cuantitativo y obligatorio para abordar problemas de salud que a menudo son el resultado de una compleja interacción de factores genéticos, ambientales y de estilo de vida.

A todo ello se añade que, ante tales medidas, las personas pueden llegar a sentir que viven en una especie de dictadura. La rigidez de las leyes es posible que sea tan insoportable que te consideres un robot o una simple hormiga en una gigantesca colonia y que sientas cómo tu identidad y tu libertad se diluyen.

Por otra parte, sin embargo, las leyes son sorprendentemente laxas en algunos aspectos que a nosotros nos resultan inmorales, como la posesión de material pornográfico infantil. Aunque la producción y distribución de dicho material se criminalizaron hace tiempo, la posesión privada del mismo no fue ilegalizada hasta 2014. En ciertos segmentos de la cultura popular y los medios de comunicación japoneses, como el manga y el anime, se pueden encontrar representaciones sexualizadas de personajes que aparentan ser menores.

Hasta hace poco, de hecho, existían incluso máquinas expendedoras de braguitas usadas de colegialas. En 1993, se tuvo que invocar la ley de tráfico de antigüedades para prohibirlas.

Tanta falta de escrúpulos, al final, tiene que salir por algún lado, como el vapor encerrado en una olla a presión.

Y así fue como, un día, Tomohiro Kato explotó.

## EL DESAHOGO DE LOS FOROS *ONLINE*

El sol se ocultaba en el horizonte de Goshogawara, en la prefectura de Aomori, bañando los arrozales con un resplandor naranja que solo podría describirse como místico. Esa tarde de otoño de 1982, nació Tomohiro, rodeado del sutil aroma del arroz recién cosechado y de las antiguas tradiciones que regían la comunidad.

Desde pequeño, Tomohiro sintió el peso de las expectativas familiares, en especial, de su madre. Había algo casi sagrado en seguir sus pasos. Por ello, en abril de 1998, ingresó a la escuela secundaria Aomori, el mismo lugar donde su madre se había graduado, cumpliendo así con una especie de homenaje generacional que sellaba su conexión con el pasado.

Goshogawara, aunque inmersa en sus tradiciones (festivales locales, ceremonias del té y artesanías milenarias), también mostraba destellos del mundo moderno. Los arrozales, que habían estado allí durante generaciones, se hallaban rodeados ahora de edificios de apartamentos y carreteras. Pero, a pesar de los cambios, la esencia de la ciudad continuaba intacta y las familias seguían reuniéndose para plantar y cosechar arroz, el elemento vital que mantenía unidas a las distintas generaciones.

Pero Tomohiro no estaba destinado a ser un reflejo de su familia. Los destellos de la modernidad le sedujeron como cantos de sirena. En 2001 suspendió las pruebas de acceso para entrar en la Universidad de Hokkaido, rompiendo así con el camino prefijado por su familia.

En 2003, el dinero de su madre le permitió mudarse a Sendai, en la prefectura de Miyagi. Con su primer trabajo en una empresa de seguridad privada, forjó amistades, aunque efímeras, mientras se aclimataba al nuevo papel que desempeñaba. Sus ingresos oscilaban alrededor de los 250.000 yenes al mes.

Tomohiro dejó atrás Goshogawara, pero no renunció a sus raíces. A lo largo de los años y mientras desempeñaba diferentes trabajos en varias ciudades, como Sendai y Ageo, siempre intentó buscar un sentido de comunidad, como la que había experimentado en su infancia. Fue difícil, porque las relaciones interpersonales en el entorno laboral no le resultaron tan sencillas como esperaba. El arrozal de su memoria se convirtió en una especie de estándar invisible con el que comparaba todas sus interacciones.

En 2004, fue trasladado a un puesto administrativo, una especie de promoción que implicaba una reducción salarial. Al menos, aquel año pudo comprarse un coche, un símbolo de independencia que le costó 300.000 yenes. Era una deuda que pesaría sobre sus hombros, pero que consideraba necesaria para sentirse un poco más libre y autónomo.

Ese año también comenzó a publicar en foros *online*, un indicio de su aislamiento social. Quizá en los foros halló esa sensación de comunidad perdida de los arrozales de su ciudad natal.

El patrón volvió a repetirse: descontento laboral, renuncia y mudanza. Esta vez, Tomohiro se trasladó a Tsukuba, en la prefectura de Ibaraki, para, finalmente, regresar a la casa de sus padres en Aomori, donde se enfrentó a una profunda crisis existencial. Aun así, tuvo el valor de hablar con su progenitora y disculparse por su conducta. Encontró cierto consuelo en los brazos de su madre, quien, a su modo, también se disculpó por los errores cometidos durante su educación. Fue un regreso simbólico a sus raíces, una revisión de su identidad que lo llevó a reflexionar sobre el sentido de la vida.

En 2007, Tomohiro obtuvo una licencia para conducir vehículos grandes. También consiguió un trabajo en una empresa de transporte en Aomori y socializó con un nuevo amigo, como si intentara reconstruir su vida. Pero, en septiembre, tomó una decisión drástica: Tomohiro abandonó su trabajo y desapareció de Aomori.

El año 2008 sería caótico para Tomohiro. A lo largo de ese tiempo, comenzó a utilizar las redes sociales y foros de anuncios *online* como vía de escape. En febrero, asumió el papel de «un individuo que experimenta soledad debido a su falta de atractivo físico» (*shiko-o*, es decir, «hombre feo»). Esta identidad tuvo cierto éxito en la comunidad *online*, que respondió de manera abrumadoramente positiva a su narrativa. Motivado por la reacción favorable, Tomohiro prosiguió con su experimento de autorrevelación, publicando entradas en las que se autodenominaba «el dueño del hilo de los feos». Estas publicaciones se convirtieron en un fenómeno entre los usuarios y generaron un diálogo sobre la autopercepción y la aceptación social.

No había encontrado la autenticidad y la conexión que buscaba en sus trabajos, pero, en los foros *online*, sí descubrió un cierto tipo de honestidad cruda. A medida que publicaba más y se adentraba en discusiones virtuales, las tensiones con sus compañeros de trabajo y supervisores aumentaban. Las antiguas tradiciones que le habían enseñado acerca del respeto y el honor parecían desvanecerse en la impersonalidad del mundo laboral moderno. Abandonó varios trabajos, publicó textos cada vez más oscuros en los foros *online* y, en un acto de desesperación, amenazó con suicidarse.

Todo culminó en el trágico incidente del 8 de junio, que marcó un punto de no retorno en su vida.

## ADIÓS A TODOS

A las 5.21 del día en que ocurrió el incidente, Tomohiro publicó unos treinta mensajes antes de desplazarse desde Numazu hasta Akihabara, donde tendría lugar el trágico incidente criminal. Al llegar a la ciudad, famosa por sus locales especializados en manga, anime y videojuegos, modificó el título de su hilo en el foro y escribió: «Voy a matar a alguien en Akihabara». Acto seguido, cambió el contenido del mensaje: «Te atropellaré con mi camión y, si no puedo usar el vehículo, recurriré a un cuchillo. Adiós a todos». El mensaje fue publicado a las 12.10. El incidente empezó veinte minutos después, a las doce y media.

Tras arrollar a cinco peatones que cruzaban la calle, el camión se detuvo al colisionar con un taxi que aguardaba en un semáforo en sentido contrario. En un principio, los testigos que se hallaban más cerca asumieron que se trataba de un simple accidente de tráfico. Sin embargo, Tomohiro descendió del vehículo y atacó a diecisiete personas más, incluidos tanto transeúntes como agentes de policía que se habían congregado para auxiliar a una víctima que yacía en la calzada. Actuó con rapidez a la hora de herir o matar con una daga que llevaba consigo. Además, Tomohiro apuñaló a varios peatones que lo rodeaban, al mismo tiempo que emitía gritos incomprensibles, antes de intentar huir.

Poco después de que se desencadenara el incidente, un oficial de policía salió de la comisaría de Manseibashi, perteneciente al Departamento de Policía Metropolitana de Tokio, y fue quien persiguió a Tomohiro y logró acortar la distancia entre ambos. A pesar de recibir cortes que atravesaron su ropa protectora y pusieron su vida en peligro, el policía intentó detener a Tomohiro usando un bastón, aunque fue recibido con un puñetazo en la cabeza.

Finalmente, el oficial apuntó con su arma de fuego a Tomohiro y le dijo que soltara el cuchillo, amenazándolo con que dispararía si no obedecía. En ese momento crítico, Tomohiro arrojó al suelo su daga.

Con la colaboración de agentes de la comisaría de Kuramae, el sospechoso fue detenido en un callejón adyacente al antiguo edificio principal de Satomsen, que estaba desocupado en aquel momento y que, en 2023, albergaría el edificio GiGO Akihabara 3.

El incidente tuvo lugar un domingo en Chuo-dori, una zona que se convierte en peatonal durante los fines de semana y que estaba llena de compradores y turistas en el momento del crimen. El área se transformó en un auténtico campo de batalla, teñido por un mar de sangre, en una tragedia que se desarrolló a plena luz del día. Con posterioridad, se descubrió que Tomohiro llevaba cinco cuchillos encima en el momento del ataque.

El 10 de junio, la comisaría de Manseibashi, de la Primera División de Investigación del Departamento de Policía Metropolitana, remitió el caso de Kato a la Fiscalía del Distrito de Tokio, que realizó un cómputo total del daño que produjo Tomohiro.

En el atropello, se registraron cinco víctimas en total: tres fallecieron y dos resultaron heridas. Un hombre desempleado murió debido a una puñalada en el lado izquierdo de la espalda. El segundo de los fallecidos fue un estudiante varón que padeció una contusión abdominal. Otro estudiante varón, con lesiones en todo el cuerpo, también perdió la vida. Los dos heridos fueron estudiantes varones: uno, con dolor lumbar, fue llevado al Hospital Shirahigebashi, y el otro, con arañazos, fue trasladado al Hospital Conmemorativo Mitsui. Ambos sufrieron lesiones menores.

En el caso de los apuñalamientos, se registraron doce víctimas en total, de las cuales, cuatro fallecieron y ocho resultaron heridas. Entre los fallecidos se encuentran una estudiante con daño en la aorta y el hígado; un hombre desempleado con una herida por puñalada en la espalda; un cocinero, también con una herida por puñalada en la espalda; y un oficinista, con una herida penetrante en el pecho.

En cuanto a los heridos, un taxista se halló en estado crítico debido a una herida por cuchillo en el lado derecho del pecho y fue trasladado al Hospital Universitario de Medicina de Nippon. Seis personas sufrieron lesiones graves: dos oficinistas, uno, con una herida punzante en la espalda y otro, con una lesión en la espalda baja, que fueron trasladados al Hospital Internacional de San Lucas y al Hospital Universitario Médico y Dental de Tokio, respectivamente; una trabajadora de oficina, con una lesión en el pulmón; un empleado temporal, con una herida punzante en la espalda, que fue llevado al Hospital Universitario de Medicina de Nippon; y una miembro del personal universitario, con una herida punzante abdominal, que fue trasladada al Hospital Internacional de San Lucas. Dos personas más sufrieron lesiones menores: un oficial de policía, con una herida punzante en el flanco, que fue trasladado al Hospital de la Universidad de Tokio, y un técnico de montacargas, con un corte en el antebrazo derecho, que fue llevado al Hospital de pensiones de empleados de Tokio.

El caso fue calificado como el peor acto de delincuencia callejera de las últimas tres décadas. En términos de número de víctimas, se trata del segundo incidente más grave de asesinato indiscriminado en la era Heisei, superado solo por el suceso en la escuela primaria de Ikeda, que se produjo exactamente siete años antes, en la misma fecha.

## CONSECUENCIAS

El 7 de julio, el fiscal solicitó al Tribunal del Distrito de Tokio que sometiera a Tomohiro a una evaluación psiquiátrica, solicitud que fue aprobada. Tras un exhaustivo análisis psiquiátrico que duró tres meses, el fallo judicial determinó que el acusado era del todo responsable de sus actos, lo que le obligó a enfrentarse a cargos por asesinato, tentativa de asesinato, obstrucción a la justicia y violación de la Ley de Armas de Fuego y Espadas. El proceso judicial arrancó oficialmente el 31 de octubre, celebrándose la primera audiencia el 22 de junio de 2009.

> La Ley de Armas de Fuego y Espadas de Japón es una de las más estrictas del mundo y data de 1958, aunque ha sido objeto de diversas enmiendas desde entonces. La ley abarca la posesión, fabricación, importación y venta de armas de fuego, espadas y otros tipos de armas en Japón. Para

poseer cualquier tipo de arma de fuego o espada, se necesita una licencia específica. El proceso para obtener esta licencia es riguroso y requiere de múltiples pasos. En el caso de las espadas, la ley por lo general se aplica a las *katanas* y otras espadas que se consideran parte del patrimonio cultural del país. Estas también se hallan sujetas a una serie de reglas y regulaciones adicionales que, por ejemplo, prohíben su exportación sin un permiso especial.

El primer juicio penal vinculado al caso de Kato se celebró el 28 de enero de 2010 en el Tribunal del Distrito de Tokio, bajo la dirección del juez Hiroaki Murayama. En esta audiencia, Tomohiro apareció en público por primera vez desde el incidente y admitió los cargos en su contra. No obstante, su equipo de defensa cuestionó su aptitud a la hora de asumir una responsabilidad total por sus acciones. Cabe destacar que el juicio tuvo lugar antes de la introducción del sistema de jueces legos en Japón, lo que significa que Tomohiro fue juzgado solo por un magistrado profesional.

En la sesión del 25 de enero de 2011, correspondiente al vigésimo octavo juicio, la fiscalía calificó el comportamiento de Tomohiro como «atroz, carente de cualquier rastro de humanidad y obra del diablo». Advirtieron que el caso podría inspirar a otros criminales a cometer delitos similares, exacerbando su impacto negativo en la sociedad. Con estas palabras, la fiscalía solicitó la pena de muerte para Tomohiro.

La mañana del 26 de julio de 2022, Tomohiro fue ejecutado en la horca en el Centro de Detención de Tokio.

La orden de ejecución fue emitida por el Ministerio de Justicia, dirigido en ese momento por Sadahisa Furukawa. Tomohiro falleció a los 39 años. Aunque había presentado una solicitud para un nuevo juicio ante el Tribunal del Distrito de Tokio el 10 de mayo de 2016, un año después de que se confirmara su pena de muerte, aún estaban pendientes cuestiones legales en el momento de su ejecución.

> A diferencia de la mayoría de las naciones occidentales y de otros países desarrollados, como Canadá o los países de la Unión Europea, que han abolido la pena de muerte, Japón sigue llevando a cabo ejecuciones. El método utilizado es el ahorcamiento y las ejecuciones se realizan en secreto. Los reclusos que están en el corredor de la muerte y sus familias suelen ser informados poco tiempo antes de la ejecución, a veces incluso, con tan solo unas horas de antelación.

En un principio, Tomohiro fue considerado por algunos foreros como una especie de héroe. Las opiniones en la red abarcaban desde considerarlo «un héroe de una sociedad desigual» hasta verlo como «un santo que se convirtió en nuestro chivo expiatorio». Sin embargo, a medida que avanzaba el juicio y se revelaba que, tanto sus motivos como su personalidad diferían de la percepción inicial, el apoyo y las visiones favorables sobre él empezaron a desvanecerse.

Como muestra de respeto y duelo ante el incidente, se erigió un monumento floral improvisado, con una carpa temporal, en la acera cercana al edificio principal de Sofmap Akihabara, que ahora es Bic Camera AKIBA, justo al lado de la intersección donde tuvo lugar el suceso.

El ataque en Akihabara acaparó titulares a nivel mundial y sacudió la confianza pública en Japón, tradicionalmente considerado un país seguro respecto a los delitos violentos. En respuesta, el Gobierno japonés anunció que revisaría las leyes sobre la regulación de armas blancas. Además, la Comisión de Seguridad Pública Metropolitana de Tokio suspendió la práctica de cerrar Chuo-dori los domingos y festivos hasta que se revisaran las medidas de seguridad. Esta práctica, que se había iniciado treinta y cinco años atrás, se reanudó de nuevo en 2011.

Konami canceló tres eventos con motivo del lanzamiento del videojuego *Metal Gear Solid 4: Guns of the Patriots* en Tokio, alegando como motivo la «seguridad de los participantes». Por otro lado, tras el ataque, tanto Bandai como Toei, las empresas responsables de la serie de televisión *Engine Sentai Go-onger*, que se emitía en aquel momento y comercializaba dagas de juguete como parte del armamento estándar de los héroes, decidieron cambiar el nombre y diseño de las «dagas» por el de «espadas», como muestra de respeto a las víctimas.

Los padres de Tomohiro ofrecieron una disculpa a las víctimas en una entrevista televisiva tras la masacre. Hasta 2010, el padre de Tomohiro había renunciado a su trabajo y vivía en reclusión en Aomori, mientras que su madre había sido hospitalizada por motivos de salud mental. En abril de 2014, el hermano de 28 años de Tomohiro se suicidó, habiendo indicado previamente que no podía vivir con las cicatrices y la vergüenza derivadas de la masacre.

# ANÁLISIS DEL CASO

La masacre de Akihabara, un suceso que sacudió los cimientos de la sociedad japonesa, ofrece un campo muy fértil para realizar un análisis tanto psicológico como sociológico. Vamos a adentrarnos en las profundidades de este trágico asesinato en masa, con el fin de comprender no solo las acciones de su perpetrador, Tomohiro Kato, sino también el contexto sociocultural que lo rodeaba.

A través de un enfoque psicológico, exploraremos las posibles causas internas de su conducta: su lucha contra la baja autoestima, los efectos de un posible aislamiento social y cómo las interacciones entre su vida personal y profesional habrían influido en su estado mental.

Tomohiro Kato era conocido tanto por su aislamiento social como por las dificultades que tenía para relacionarse con los demás. Estos rasgos indicarían trastornos de la personalidad o, incluso, trastornos del espectro autista.

La baja autoestima de Kato, acaso exacerbada por las altas expectativas y las presiones de sus padres, pudo haber desempeñado un papel crucial en su camino hacia el asesinato. Vivía en un contexto social en el que ser hijo de un banquero y crecer en un ambiente de alto rendimiento académico implicaba soportar una gran presión por alcanzar el éxito y la excelencia. El fracaso en sus pruebas de ingreso a la universidad, seguido de un cambio para iniciar estudios de mecánica automotriz, quizá fue percibido como una decepción significativa, tanto para él como a ojos de sus padres.

El análisis de la psiquiatra Tamami Katada sobre la relación entre Kato y su madre, sugiere la incapacidad de Tomohiro para liberarse de las proyecciones narcisistas durante su infancia y adolescencia. Por ello, Kato había intentado adaptarse a una realidad que muchas veces chocaba con las tradiciones y valores inculcados en Goshogawara.

Su comportamiento, marcado por un aislamiento extremo, apunta hacia posibles trastornos de la personalidad o, tal vez, aspectos del espectro autista. Estas condiciones pueden conducir a una profunda sensación de soledad y desajuste social. Las publicaciones *online* de Kato, llenas de frustración y resentimiento, reflejan un estado mental angustiado, donde la percepción de su realidad estaba alterada, justificando en su mente los actos de violencia.

Por ejemplo, compartió mensajes en un sitio web conocido como *Extreme Exchange, Revised* desde su teléfono móvil, desvelando sus intenciones en un mensaje final, apenas veinte minutos antes de llevar a cabo el ataque. No obstante, si indagamos en los otros mensajes atribuidos a él, podemos leer frases como: «Si tuviera una novia, no habría dejado mi trabajo», «Nunca me habría vuelto adicto al móvil. Nadie con esperanzas podría entender cómo me siento» y «No tengo amigos ni los tendré. Soy ignorado por ser feo. Soy más insignificante que la basura, porque, al menos, la basura se recicla».

También es plausible que Kato sufriera algún trastorno psicológico no diagnosticado. La depresión severa, el trastorno de personalidad paranoide o incluso una forma de psicosis no son descartables. Tales condiciones pueden deteriorar bastante la capacidad de juicio y fomentar comportamientos impulsivos o violentos.

El comportamiento de Kato durante el crimen, planeado con meticulosidad y ejecutado con brutalidad, revela un desapego emocional extremo y una ruptura respecto a su capacidad de empatizar con los demás. Este tipo de deshumanización es un componente crítico en la psicología de los autores de asesinatos masivos.

Por último, no podemos ignorar el impacto que el entorno social y cultural pudo tener en su mente. En Japón, donde la conformidad y el éxito son muy valorados, el no cumplir con estas expectativas es probable que cause una presión psicológica y emocional intensa.

En ese sentido, el hecho de no encajar es una forma de tortura diaria. Una tortura que no solo sufrió de pequeño, sino también de adulto, pues la mala relación con sus compañeros de trabajo culminó en un incidente donde le escondieron su ropa laboral para burlarse de él. Además, el rechazo acumulado en sus interacciones personales, en especial, por vía *online* y con las mujeres —incluida la ridiculización por parte de una chica al ver una foto suya después de un tiempo chateando sin enseñarse sus respectivas caras—, intensificó sus sentimientos de odio contra todo y contra todos.

### Elección del lugar y método de ataque

La elección de Akihabara como lugar de la masacre no es fortuita. Akihabara es un icono de la cultura popular japonesa, lo que podría indicar que Kato escogió un blanco simbólico, algo que representaba una sociedad con la que no podía identificarse o de la que se sentía excluido. El uso de un vehículo y un arma blanca para el ataque sugiere una planificación y un deseo de causar el máximo daño posible, lo que quizá denota un odio generalizado, incluso hacia sí mismo.

## ASPECTO SOCIOLÓGICO DEL CASO

Desde una perspectiva sociológica, la masacre de Akihabara puede entenderse, en parte, a través del prisma de la idiosincrasia japonesa. La sociedad donde vivía Kato, con sus normas culturales específicas y su estructura social, ofrece un contexto significativo para comprender cómo ciertos aspectos de esta cultura podrían haber influido en el asesino.

Son varios los rasgos típicos nipones que pudieron contribuir a que el crimen tuviera lugar. Vamos a desgranar algunos de ellos.

## PRESIÓN POR LA CONFORMIDAD Y EL ÉXITO

Este fenómeno se basa en una fuerte tendencia hacia la armonía grupal y el logro de altos estándares, lo que suele generar una presión intensa para ajustarse a ciertas normas y expectativas. La obligación de tener éxito en todos los aspectos de la vida, incluida la educación, el empleo, el matrimonio y las relaciones familiares, puede ser abrumadora.

A nivel personal, la conformidad social implica adherirse a normas y roles tradicionales, pero esto sería muy problemático para quienes sienten que no encajan en estos moldes.

Este rasgo es típico de las culturas colectivistas, que se concentran, sobre todo, en Asia y que enfatizan la cooperación y la interdependencia hasta hacer desaparecer casi por completo al individuo. Lo importante en Japón es sentirse como un engranaje más de una enorme maquinaria. En muchas culturas colectivistas, la comunicación también tiende a ser más indirecta y contextual, buscando así evitar el enfrentamiento directo y manteniendo la armonía del grupo.

En el momento que uno se siente demasiado importante, en el instante que uno deja de estar conectado en armonía con todo el sistema, entonces se convierte en la oveja negra. Es justo lo contrario a lo que ocurre en culturas como la estadounidense, donde se valora en especial el mérito personal, la autoría, el sobresalir. Es decir, que, por ejemplo, películas como *Rocky* sintonizarían menos con la cultura japonesa.

Hay mucha literatura científica que pone en evidencia estas diferencias. Por ejemplo, en un estudio de Tkahiko Masuda y Richard Nisbett (2001), se solicitó a estudiantes estadounidenses y japoneses que describieran lo que veían en ciertas imágenes. La conclusión fue que, aunque ambos grupos se centraban en los objetos que destacaban en primer plano, los estudiantes japoneses también tendían a hablar más sobre los elementos que aparecían en el fondo de las imágenes, como ranas y plantas, además de los peces principales, y los recordaban. Es decir, que se fijaban más en el contexto. Los estudiantes estadounidenses, sin embargo, se fijaban más en las caras de las personas.

De igual modo, en el estudio de Joan G. Miller (1984), se pidió a niños y adultos en India (una cultura colectivista) y en Estados Unidos que indicaran las causas de las acciones negativas de otras personas. Se observó que mientras los estadounidenses hacían más atribuciones personales, los indios tendían a destacar los factores situacionales para el mismo comportamiento.

Así pues, dada la presión de Japón para que sus ciudadanos formen parte del contexto, para personas como Tomohiro Kato, la incapacidad de cumplir con estas expectativas pudo llevarle a una profunda sensación de desilusión y alienación. El miedo al fracaso y al rechazo fomentaría el aislamiento social, y la falta de apoyo o de vías para buscar ayuda puede exacerbar los problemas de salud mental. En casos extremos, este aislamiento y desesperación desembocarían en comportamientos destructivos, tanto hacia uno mismo como hacia los demás.

## EL ESTIGMA DE LA ENFERMEDAD MENTAL

En Japón, donde la armonía y la uniformidad social son muy valoradas, padecer una enfermedad mental puede ser visto como una desviación de la norma y una fuente de vergüenza, no solo para el individuo, sino también para su familia. Esta percepción haría que las personas con trastornos mentales y sus familias eviten buscar ayuda o reconocer sus problemas, por temor al ostracismo social.

## KIRERU Y HIKIKOMORI

La falta de comprensión y apoyo adecuados pueden conducir a un empeoramiento de las condiciones de salud mental y a un aumento del aislamiento social. En casos extremos, esta situación quizá desencadene comportamientos autodestructivos o, como en el caso de Tomohiro Kato, actos de violencia.

La cobertura mediática japonesa describió los ataques como un síntoma creciente del fenómeno *kireru*, actos de rabia cometidos por jóvenes alienados de Tokio u otras grandes ciudades, pues es allí donde la presión social y la desconexión emocional son temas recurrentes.

Este fenómeno se inscribe en un contexto más amplio de problemas sociales y de salud mental que Japón está afrontando, tales como el *hikikomori*, es decir, la reclusión social autoimpuesta, y las altas tasas de suicidio entre los jóvenes.

El término *hikikomori* se refiere a personas, en general, jóvenes, que se retiran de la sociedad, por voluntad propia, para llevar una vida de aislamiento extremo y, habitualmente, en la casa de sus padres. Este fenómeno se ha vuelto muy preocupante en Japón, aunque también se ha observado en otros países. En muchos casos, un individuo *hikikomori* pasará meses o incluso años sin salir de su habitación o de su casa, evitando cualquier interacción social directa. Este comportamiento suele ser malinterpretado como pereza o desinterés, en lugar de ser visto como un síntoma de problemas de salud mental más profundos, como la depresión o la ansiedad.

Por otra parte, el número de personas que optan por permanecer solteras está aumentando de manera exponencial y la edad promedio para casarse y tener hijos también crece. Esto puede contribuir a que la soledad se convierta en un rasgo definidor de la sociedad nipona, sobre todo, en la vejez.

Por eso, Japón es uno de los pocos países en los que hay robots para acompañar a los ancianos, lo cual también tiene que ver con su vertiente friki. Uno de los robots más famosos es Paro, que fue diseñado para parecerse a una foca bebé. Paro se utiliza en hogares de ancianos y hospitales para proporcionar consuelo y compañía. Puede responder al tacto, la luz, el sonido y las temperaturas, y se ha demostrado que mejora la interacción social y reduce el estrés en los ancianos.

## CULTURA DEL TRABAJO Y ESTRÉS LABORAL

Así como en España ausentarse sin justificación del puesto laboral puede ser algo admirable, en países como Japón es insultante. En Japón, os podéis olvidar de esos cafés a media mañana que duran una hora.

La cultura laboral es estricta hasta la asfixia e impone extensas jornadas de trabajo. Este ambiente, marcado por una fuerte ética laboral y una expectativa de dedicación casi incondicional, llega a generar niveles significativos de estrés entre los empleados.

De hecho, pasar muchas horas en la oficina se ve, a menudo, como un signo de lealtad. Incluso quedarse dormido en el metro, de regreso a casa, puede significar que has trabajado mucho, lo cual explicaría que tantos japoneses se pasen todo el viaje durmiendo (o fingiendo que duermen).

No es extraño, pues, que en Japón exista el llamado *karoshi* o muerte por exceso de trabajo. El *karoshi* se manifiesta a través de diversas afecciones de salud, como enfermedades cardiovasculares, infartos, derrames cerebrales y problemas mentales, incluido el estrés extremo y la depresión. El Gobierno japonés ha reconocido el *karoshi* como un problema serio y ha implementado medidas para combatirlo, que incluyen leyes para limitar las horas de trabajo y promover un mejor equilibrio entre la vida laboral y personal.

Por si fuera poco, este estrés laboral crónico se ve agravado por la falta de oportunidades para la expresión emocional abierta y el apoyo social en el lugar de trabajo. En la cultura japonesa, donde prevalece la tendencia a mantener la armonía y evitar el conflicto, puede ser difícil para los empleados expresar sus preocupaciones o desafíos personales. Esta reticencia a compartir y buscar apoyo lleva, en ocasiones, a un aislamiento emocional y a un deterioro de la salud mental.

## IMPACTO DE LA TECNOLOGÍA Y LA COMUNICACIÓN DIGITAL

El impacto de la tecnología y la comunicación digital en Japón, y particularmente en áreas como Akihabara, es un fenómeno que redefine la interacción social. La comunicación digital reemplaza a menudo las interacciones cara a cara, ofreciendo una forma de relación más indirecta y con menor compromiso emocional. Si bien esto tiene sus ventajas, como la conveniencia y la capacidad de conectar con personas a grandes distancias, también suele tener efectos secundarios negativos.

Para individuos que afrontan dificultades a la hora de establecer conexiones personales, el mundo digital puede ofrecer un refugio aparente. Sin embargo, esta interacción carece a menudo de la profundidad y la riqueza emocional de las relaciones en persona. La comunicación a través de pantallas puede conducir a malentendidos y a una falta de empatía, exacerbando la sensación de aislamiento.

Además, la naturaleza omnipresente de la tecnología y las redes sociales tiende a llevar a comparaciones constantes con los demás, incrementando la insatisfacción y los sentimientos de inferioridad. Esto sería en especial dañino para quienes tienen una baja autoestima o problemas de salud mental, contribuyendo a entrar en un ciclo de aislamiento y desconexión.

## ROL DE LA CULTURA POPULAR

En la cultura popular japonesa, encontramos, a menudo, que la violencia y la alienación se presentan de maneras que pueden ser percibidas como glamurosas, románticas o incluso heroicas. Este tipo de representación puede tener un impacto profundo, sobre todo, en individuos que ya se encuentran en situaciones vulnerables o de crisis.

Las personas que luchan contra la alienación social o contra problemas de salud mental pueden identificarse con estos personajes y situaciones, interpretando sus propias experiencias a través de la lente de estos relatos. Esto puede conducir a una glorificación de la alienación o a la percepción errónea de que la violencia es una respuesta válida o comprensible a sus propios conflictos y frustraciones.

## GENERACIÓN DE JÓVENES DE DIECISIETE AÑOS

Kato también comparte marco sociológico con otros perpetradores de crímenes horripilantes, como el asesino en serie de niños de Kobe, en 1997, y el secuestrador del autobús de Nishitetsu, en 2000.

Estos delincuentes son parte de lo que se ha venido llamando la «generación de jóvenes de diecisiete años», nacidos entre el 2 de abril de 1982 y el 1 de abril de 1983. Esta generación ha estado en el foco de la atención pública debido a su asociación con una serie de delitos juveniles, lo que ha llevado a algunos a categorizarla como «una generación de delitos sin causa», lo que sugiere que estos individuos cometieron crímenes no por una carencia socioeconómica o por un trauma específico, sino que se insinúa que hay algo problemático en ellos que es inherente a su generación. Tal vez, una mayor presión, una mayor soledad y una mayor facilidad de exponer sus traumas en foros *online*. Con todo, estas categorizaciones son solo aproximaciones a un fenómeno mucho más complejo, en el que también deben considerarse múltiples factores, incluidas variables psicosociales, económicas y culturales que podrían desempeñar un papel de igual importancia en la conducta criminal.

# Conclusión

Después de profundizar en el análisis psicológico de Tomohiro Kato y en la sociedad japonesa, el caso de la masacre de Akihabara me ha impactado de una forma que no esperaba. Siempre había visto a Japón como un lugar casi mítico, un paraíso para los *otakus* y los aficionados a los videojuegos, un refugio para quienes se interesan en lo que tradicionalmente se consideraba el mundo *nerd* o friki. Sin embargo, detrás de esa vibrante y fascinante cultura pop, que sin duda existe y es maravillosa, existen aspectos más oscuros y realidades muy duras que, a menudo, son ignoradas o desconocidas por muchas personas.

La sociedad japonesa, célebre por su implacable presión por alcanzar el éxito y una actitud a veces indeseable hacia la salud mental, puede ser un entorno demasiado exigente. El triste caso de Kato es una clara ilustra de ello. Su historia es un recordatorio sombrío de que, detrás de la imagen idealizada y romántica de Japón, hay una realidad donde el bienestar emocional se ve con frecuencia sacrificado por la conformidad con las normas sociales.

La importancia de una sociedad más comprensiva y menos exigente, en la que se promueva un mejor equilibrio entre el trabajo y la vida personal y donde la salud mental sea tratada con la seriedad que merece es fundamental. Esto es vital no solo para Japón, sino para cualquier sociedad que busque evitar que tragedias como la de Akihabara se repitan en el futuro. Mientras tanto, seguiremos disfrutando de sus maravillosas obras audiovisuales y de nuestro adorado Son Goku, que nadie nos lo tocará jamás.

# 7

# LA MASACRE DE ISLA VISTA (California, 2014)

## *INCEL*, MISOGINIA Y ASESINOS EN MASA

*En 2014, en el estado de California, en Estados Unidos, el joven Elliot Rodger asesinó a seis personas, hirió a catorce y, finalmente, se suicidó, dejando tras de sí un vídeo en YouTube y un extenso manifiesto que mostraban su profunda misoginia.*

Nadie hubiera sospechado, de entrada, que Elliot Oliver Robertson Rodger vivía un infierno. Al fin y al cabo, era un estudiante universitario normal, e incluso formaba parte de una familia normal. No era feo, tenía un buen coche, era inteligente. El padre de Elliot, Peter Rodger, había escrito guiones de cine y también había sido ayudante de dirección en la película *Los juegos del hambre*. Su madre, una enfermera china de Malasia, también había trabajado como asistente de investigación en varias producciones cinematográficas importantes y hasta era amiga de George Lucas y Steven Spielberg. No en vano, Elliot presumía a menudo en su página de Google Plus de haber asistido al estreno mundial de aquella y otras películas.

Sí, Elliot parecía tener una vida perfecta. Una vida propia de una película con final feliz de Hollywood. Sin embargo, acabaría convirtiéndose en un asesino en masa.

## UNA VIDA DE PELÍCULA

Elliot nació en un hospital de Londres, en Inglaterra, el 24 de julio de 1991, fruto de la unión entre Peter Rodger y Li Chin Rodger, y pesó apenas 2,45 kg, un registro ligeramente inferior a la media considerada normal.

La familia Rodger gozaba de una posición acomodada en la alta sociedad británica, aunque su riqueza económica se vio mermada a raíz de la Gran Depresión. George Rodger, el abuelo de Elliot, ganó notoriedad como fotoperiodista y su trayectoria profesional experimentó un vertiginoso ascenso, en parte, debido a su labor como documentalista gráfico durante la Segunda Guerra Mundial. Sus crudas imágenes, como las pilas de cadáveres que capturó en el campo de concentración nazi de Bergen-Belsen, fueron publicadas en revistas de gran prestigio, como *Time* y *Life*. No obstante, George Rodger abandonó el papel de corresponsal de guerra al tomar conciencia de que estaba invirtiendo demasiado tiempo en fotografiar escenas macabras para, en definitiva, acabar escogiendo la imagen más artísticamente conmovedora.

Al poco de nacer Elliot, la familia se trasladó de Londres a una casa de campo, en las afueras. Peter estaba ganando cada vez más dinero como fotógrafo, así que Chin pudo dejar su trabajo como enfermera para dedicarse a cuidar al pequeño. La abuela materna de Elliot también vivía con ellos y se ocupaba en ocasiones de su cuidado.

Elliot disfrutaba volando cometas con su padre en las colinas cercanas, a las que cariñosamente llamaba «las Colinas de Londres». Sin embargo, en muchas ocasiones, también sufría un miedo irracional a que una fuerte ráfaga de viento pudiera levantarlo del suelo.

Asimismo, viajaba a menudo con su familia, así que, antes de cumplir los cinco años, Elliot ya había visitado Francia, España, Grecia, Malasia y Estados Unidos. Era consciente de que llevaba una vida especial y privilegiada.

Tal vez porque era un niño demasiado mimado o porque había algo que no funcionaba bien en su cabeza, Elliot no encajó con sus compañeros al empezar la educación preescolar en el caro y exclusivo colegio Dorsett House. Su primer día fue bastante traumático: no solo rechazaba las reglas, sino que detestaba llevar el uniforme con calcetines altos y tener que jugar a fútbol con los demás. No se trataba de que el deporte le disgustara, sino que se sentía inferior a los otros niños, sobre todo, en cuanto a destreza y velocidad. Por ello, solía mantenerse cerca del portero, pretendiendo ser útil, pero esperando pasar desapercibido.

Durante un viaje a Grecia, la familia recibió la noticia del fallecimiento del padre de Peter, George, a los 87 años, y esa supusiera la primera vez que Elliot vio a su padre llorar. Quizá ese fue un punto de inflexión para Peter. Era un exitoso fotógrafo, pero aspiraba a ser director de cine. Para lograrlo, solo había un camino: mudarse a Estados Unidos.

La idea de trasladarse a Estados Unidos aterró a Elliot, pero el miedo se transformó en ilusión en cuanto supo que su nueva casa iba a tener piscina. Finalmente, la familia Rodger cruzó el Atlántico.

Se instalaron en Woodland Hills, una lujosa área cerca de las montañas de Santa Mónica, en California. La nueva casa tenía paredes blancas y, tal como Elliot había imaginado, una piscina cubierta. En esa misma época, Chin se quedó embarazada de nuevo, dando a Elliot una hermana llamada Georgia.

Eran muchos cambios repentinos, pero todos parecían buenos: ahora, con cinco años recién cumplidos, Elliot vivía en una casa más lujosa, en otro país y con una hermana pequeña. Su padre coincidía en que eran buenos tiempos.

La primera amiga que hizo Elliot en aquella nueva vida se llamaba Maddy. No solo fue la primera, sino también la última. Aún no le importaban las chicas y, mucho menos, lo que pensaran de él, así que su amistad con Maddy fue bonita. Solía bañarse con ella en la piscina. Con el paso de los años, recordaría que aquellas veces fueron las únicas en las que había visto una chica real desnuda, aunque ella solo fuera una niña. Siempre echaría de menos aquella época de inocencia, en la que el sexo femenino no era su enemigo.

Elliot también guardaba un cálido recuerdo de las visitas al parque con su padre, excepto por un detalle: a diferencia de los niños de su edad, e incluso de algunos más jóvenes, Elliot no podía columpiarse por sí solo; necesitaba que su padre lo empujara para ganar altura. Este hecho despertaba en él sentimientos de desconcierto. Se preguntaba por qué le resultaba tan complicado elevarse en el columpio cuando a los demás les era tan sencillo. Este desafío le recordaba su experiencia previa jugando al fútbol, cuando también había percibido sus limitaciones físicas en comparación con otros niños.

Parte de su problema quizá estaba en su corta estatura, algo que quedó manifiestamente claro cuando visitó el parque temático de Universal Studios. En aquel momento, los dinosaurios le fascinaban. Además, hacía poco que había tenido la oportunidad de ver la película *Parque Jurásico*, de Steven Spielberg. Así que, en cuanto entró al parque, se dirigió a la atracción de aquella película.

Elliot estuvo haciendo una hora de cola, cada vez más emocionado. La atracción parecía alucinante: era una mezcla de paseo en bote y montaña rusa que transportaba a los visitantes a través de un «recorrido turístico» en una isla ficticia poblada por dinosaurios. Sin embargo, como era de esperar, un error en el sistema provoca que los visitantes se encuentren cara a cara con algunos de los depredadores más temibles, como el *Tyrannosaurus rex*.

Cuando por fin llegó su turno, Elliot puso su cabeza contra la regla de medición con el fin de verificar que era lo suficientemente alto para entrar y cumplía con las normas de seguridad de la atracción. Un empleado poco amable le negó el paso.

Elliot se desmoronó. Mientras lloraba avergonzado, otros niños que parecían tener su edad pasaban junto a él y subían a la atracción. Era la primera vez que se le negaba algo que quería debido a su estatura. Pero no sería la última. Como él mismo escribiría más tarde: «Lo que yo no sabía es que aquella injusticia era muy pequeña en comparación con todas las cosas que se me negarían en el futuro debido a mi altura».

Empezó su etapa escolar en el colegio Topanga Elementary. La familia se mudó a una nueva casa con una espectacular vista de las montañas de Santa Mónica y, cómo no, también con piscina. La carrera de Peter Rodger estaba en pleno auge, pues había logrado dirigir anuncios para la televisión con altos presupuestos. Sin embargo, eso significaba que pasaba mucho tiempo fuera de casa, dejando a Elliot, sobre todo, al cuidado de su madre y, a menudo, de una niñera.

Además, Elliot empezó a darse cuenta de que las discusiones entre Peter y Chin eran cada vez más frecuentes. Sus padres se separaron justo después de que celebrara su séptimo cumpleaños, algo que le afectó mucho. Tras la separación, su madre se trasladó a una nueva vivienda en Topanga. Elliot y su hermana pasaron a vivir con ella y visitaban a su padre únicamente durante los fines de semana. Elliot escribiría más adelante que ese episodio marcó un punto de inflexión en su vida.

Lo peor de todo era que su estatus social se había desmoronado. Su madre se había mudado a una casa más pequeña y Elliot tenía que compartir habitación con su hermana, algo que consideraba indigno.

Pocos meses después de su séptimo cumpleaños, Peter se volvió a casar con la actriz marroquí Soumaya Akaaboune, quien dio a luz a su segundo hijo. Soumaya era una actriz en ciernes y provenía de una familia acomodada de Marruecos. Al principio, Elliot incluso la apreciaba.

La vida continuó y Elliot empezó a sumergirse en su nueva Nintendo 64. También se interesó por Pokémon y se volvió adicto a sus cartas coleccionables. Incluso asistió al estreno de *Star Wars Episodio I* gracias a la amistad de su madre con George Lucas, lo que le hizo sentirse especial.

Cuando Elliot pasaba más tiempo en la casa de su padre, dos niñeras sudamericanas se encargaban de él. Hablaban poco inglés, pero lo trataban con amabilidad y eso era lo único que realmente le importaba. Sin embargo, incluso con aquella ayuda adicional para cuidarlo, empezó a tener problemas con Soumaya. A ella no le gustaba tener niños cerca, en especial, a uno tan particular como Elliot, y él no estaba acostumbrado a que le dieran órdenes.

Dado que Soumaya no era su madre real, Elliot detestaba las normas que le imponía y sentía que se mostraba excesivamente estricta con él. ¿Quién se creía que era para decirle lo que tenía que hacer? Todas las noches, ella insistía en que Elliot se comiera una sopa que odiaba.

Elliot solo tenía nueve años, pero ya había empezado a pensar en las desigualdades de la vida. Pasaba mucho tiempo reflexionando sobre cómo algunas personas parecían ocupar una posición superior en la sociedad. No tenía ni idea de qué hacer para lograr ese estatus, pero estaba dispuesto a intentarlo.

En el colegio, existían dos categorías de alumnos. Por un lado, estaban los populares, aquellos que dominaban el arte del comportamiento y el vestuario y eran admirados por ello, y luego estaban los demás, los relegados a la insignificancia. Elliot no tenía intenciones de pertenecer a este último grupo. Quería estar en la cima.

## LA PRIMERA TORMENTA HORMONAL

El verano resultó ser más llevadero de lo esperado para Elliot, gracias a un nuevo amigo llamado John Jo que lo introdujo en el mundo de los cibercafés, en especial, en uno llamado Planet Cyber. En esa época, no todos podían darse el lujo de tener un ordenador propio conectado a internet, por lo que estos locales servían como centros comunitarios digitales donde la gente podía jugar, revisar el correo electrónico o incluso trabajar.

Elliot comenzó a frecuentar aquel cibercafé, disfrutando de partidas *online* con videojuegos como *Counter Strike* o el *Day of Defeat*. Sin embargo, fue un RPG o videojuego de rol, *Diablo 2*, el que realmente lo enganchó. No solo le proporcionaba entretenimiento, sino también la posibilidad de interactuar con otros jugadores *online*. Así fue como Elliot encontró un refugio seguro en Planet Cyber, un espacio donde podía desconectar del mundo exterior.

No obstante, en el mundo real, la ansiedad de Elliot empezó a ser cada vez más palpable. Seguía sin encontrar la aceptación social que anhelaba y le resultaba difícil comprender por qué ciertos compañeros, a los que consideraba poco dignos, disfrutaban de popularidad mientras que él quedaba relegado. Sintió especial indignación al ver cómo un nuevo alumno de origen mexicano ganaba notoriedad simplemente por su actitud arrogante.

Ese patrón de pensamiento se convertiría en una constante en la vida de Elliot. Ansiaba ser aceptado sin ser juzgado, pero él mismo era un juez implacable de los demás. No se conformaba con tener amigos, quería que estos fueran populares. Tampoco le bastaba con tener una novia, sino que esta debía ser muy atractiva.

En esa etapa, Elliot no era un paria social. Sencillamente, pasaba inadvertido, como un chico tímido al que nadie parecía prestar atención.

Por fortuna, aún no había comenzado la pubertad, lo cual, para Elliot, era algo bueno. Como él escribiría: «Con la pubertad, todo mi mundo cambiaría y toda mi vida se colapsaría por una total desesperación».

Pero la tormenta hormonal no tardó en llegar. Una noche, en Planet Cyber, un adolescente que estaba sentado cerca de Elliot puso un vídeo pornográfico en la pantalla de su ordenador. Elliot sintió asco. El sexo le resultaba desagradable. Es cierto que se sintió un poco excitado, pero también experimentó asco y culpabilidad.

El sexo había llegado a su vida. En clase, sus compañeros no hablaban de otra cosa. Para Elliot, ese fue el comienzo de su verdadero fin. Sentía tanto rechazo y tanta presión que decidió sumergirse más que nunca en los videojuegos. Además, justo por aquella época, recibió el videojuego de rol multijugador masivo en línea *World of Warcraft*, o *WoW*, como regalo de Navidad.

Se creó una cuenta y, acto seguido, diseñó su primer personaje: un druida elfo nocturno. La experiencia le resultó absolutamente cautivadora. Adentrarse en el *WoW* fue como cruzar el umbral hacia un universo paralelo lleno de emoción y aventura. Aunque se trataba de un mero videojuego, el realismo era tal que sentía como si experimentara una segunda vida. En un momento en que su existencia real se tornaba cada vez más desoladora, *WoW* se convirtió en un oasis.

Sin embargo, las hormonas continuaban ahí. Necesitaba ser amado de verdad. Por una mujer de verdad. Los píxeles de la pantalla, aunque muy realistas, no eran suficientes para él.

## SEXO Y MISOGINIA

En la década del 2000, Los Ángeles era un hervidero de actividad en el ámbito del entretenimiento, aunque también se enfrentaba a retos sociales, como el aumento de la criminalidad. La industria del videojuego experimentó un crecimiento sin precedentes, con títulos como *Grand Theft Auto: San Andreas* y *World of Warcraft.* Estos juegos también despertaron controversia debido a su contenido violento o explícito, lo cual alimentó debates públicos y legales sobre la posible correlación entre videojuegos violentos y comportamiento agresivo. Se estrenaron películas igualmente violentas y controvertidas, como *American Psycho* (2000), *Battle Royale* (2000), *Irreversible* (2002), *Oldboy* (2003), *Saw* (2004) y *Hostel* (2005).

A todo ello se sumaba el nuevo panorama musical, con géneros en auge como el rap y el hip-hop, que a menudo exploraban temas asociados a la violencia, la discriminación y la vida en zonas desfavorecidas, lo que añadía otra capa más al debate sobre el impacto social del entretenimiento audiovisual. Eminem, 50 Cent y Kanye West, a menudo, incluían letras que abordaban temas sobre drogas y misoginia. Eminem, por ejemplo, se convirtió en un icono cultural con álbumes como *The Marshall Mathers LP* (2000) y *The Eminem Show* (2002), que fueron objeto de crítica por su contenido explícito y provocador.

Pero toda esta vorágine audiovisual no era capaz de sacar de la cabeza de Elliot una serie de preguntas que se repetía cada vez con más insistencia: ¿por qué las chicas no se fijaban en él? ¿Acaso no era un chico estupendo? ¿Acaso no era todo un caballero? Ni siquiera había conseguido que una chica lo acompañara a los flamantes estrenos cinematográficos a los que asistía a menudo.

En un intento por allanar el tortuoso camino de sus relaciones amorosas, Dale Launer, un reconocido guionista y director de cine que era amigo de su padre, se convirtió en su consejero en el arte de la conquista. Launer, veterano en la producción de películas románticas y que tenía una conexión personal con Rodger, consideraba que sus películas, entre las que se encontraban *Cita a ciegas* o *Poción de amor n.º 9*, eran su acreditación como experto en mujeres. De hecho, le enseñó una amplia colección de fotografías de chicas bonitas que había seducido a lo largo de su vida. Como si fueran trofeos de caza.

No obstante, Elliot se mostraba escéptico frente a estos gestos de ayuda, interpretándolos como una especie de acto de caridad impulsado por la lástima y el ego inflado de quienes, como Dale, se creían superiores a él. Elliot odiaba dar lástima. Odiaba que lo compadecieran.

De hecho, creía que, para seducir a una mujer, no había otro secreto o receta más segura que el dinero. Elliot estaba convencido de que, si hubiera tenido mucho dinero, de haber nacido en una familia más acomodada, entonces también poseería más autoestima. Y más mujeres. A su juicio, su único camino hacia el éxito amoroso y sexual residía en la obtención de una fortuna propia, aunque ello implicara desplegar una despiadada determinación.

Incluso llegó a estar convencido de que ganar la lotería Mega Millions, cuyo bote mínimo era de cuarenta millones de dólares, era su destino. Empezó a jugar de forma obsesiva, y hasta viajó a Arizona desde California en cuatro ocasiones para comprar boletos de Powerball. Más tarde, escribiría:

> Sabía que siempre estuve destinado a hacer cosas grandes. ¡Esto debe ser! Estaba destinado a ser el ganador del premio mayor más alto de la lotería. En ese momento, supe que este premio mayor era para mí. ¿Quién más merecía una victoria como aquella? Había pasado por tanto rechazo, sufrimiento e injusticia en mi vida que esta debía ser mi salvación. Con todo mi cuerpo lleno de ferviente esperanza, gasté 700 dólares en boletos de lotería para ese sorteo. Mientras gastaba ese dinero, me imaginaba todo el sexo increíble que iba a tener con mi hermosa novia modelo, una vez me convirtiera en un hombre rico.

Elliot nunca alcanzó su sueño de hacerse rico. Ni de tener sexo. Ni siquiera había logrado, ni lograría jamás, besar a una chica. Además, abrumado por la tormenta hormonal que tenía lugar en su interior y el infierno que suponía acudir todos los días a clase, Elliot se refugió cada vez más en sí mismo. Incluso, antes de graduarse, casi abandonó por completo sus estudios en Crespi Carmelite High School, una escuela católica para chicos en Los Ángeles.

Pero Elliot no perdió el tiempo. Día tras día, noche tras noche, empezó a escribir febrilmente todo lo que le pasaba por su cabeza. Cada vez que lo plasmaba en palabras, lo expulsaba como un veneno. Aquel ejercicio catártico se convirtió en una obra monumental de 107.000 palabras que, poco antes de llevar a cabo el ataque en Isla Vista, fue enviada por correo electrónico a 34 personas, incluyendo sus padres y otros familiares, algunos exprofesores, algunos amigos de la infancia y su psiquiatra, Charles Sophy.

Tal vez había heredado las habilidades narrativas de su padre, porque Elliot había escrito, nada más ni nada menos, que un escalofriante manifiesto de 114 páginas titulado *My Twisted World: The Story of Elliot Rodger* ('Mi mundo retorcido: la historia de Elliot Rodger').

Gracias a ese documento, uno puede sumergirse en lo más profundo del laberinto de su mente. Porque Elliot no se limitaba a explicar las razones que lo habían llevado hasta allí. No solo era la típica carta de confesión. *My Twisted World* era todo un estudio psicopatológico de su mente, de sus obsesiones y, sobre todo, de su dolor y resentimiento hacia el género femenino. El dolor y resentimiento que le habían empujado a cometer aquella sangrienta matanza.

Pero ¿qué fue lo que hizo exactamente? ¿Cómo lo planeó? ¿Hasta dónde llegó?

## Ubicación 1

Elliot pensó que se veía muy guapo la mañana del 23 de mayo de 2014, el día que empezaría su ruta sangrienta de dolor y resentimiento en el campus de la Universidad de California en Santa Bárbara (UCSB), en Isla Vista.

A sus 22 años ya cumplidos, pensaba que era todo un partido. Era inteligente y refinado, de modales impecables. Aquella mañana, de hecho, su cabello lucía fabuloso, como siempre y estaba vestido con estilo, con ropa cara.

Sí, quizá su estatura estaba por debajo de la media, pero, por lo demás, era todo un caballero.

Precisamente por eso, estaba convencido de que había llegado la hora de esperar a sus compañeros de habitación para matarlos. Después, convertiría su apartamento en un lugar donde atraer a chicas desprevenidas —solo las más atractivas, por supuesto— a fin de matarlas también, como una araña venenosa aguardando con paciencia en su telaraña.

> Después de eso, empezaré a llevar a personas a mi apartamento, los dejaré inconscientes con el golpe de un martillo y les cortaré la garganta. Torturaré a algunas de las personas bien parecidas antes de matarlas, asumiendo que son ellas quienes mejores vidas sexuales llevaban. Por todo el placer que tuvieron en la vida, los castigaré al traerles dolor y sufrimiento. Yo había llevado una vida de dolor y sufrimiento, y había llegado la hora de llevar ese dolor a las personas que de verdad lo merecen.

Al principio, las cosas sucedieron tal y como las había planeado. Las tres víctimas fueron Weihan «David» Wang, Cheng-Yuan «James» Hong y George Chen. Todos ellos, estudiantes de ciencias de la computación en UCSB y, todos, como se puede deducir por sus apellidos, procedentes de familias de inmigrantes chinos.

Elliot consideraba que merecían morir porque se habían quejado formalmente al administrador del apartamento por su música. Al parecer, les parecía que la ponía demasiado alta. Incluso habían sugerido la idea de mudarse. ¿Cómo se atrevían? Cualquier persona estaría encantada de compartir apartamento con un caballero como él. Además, ellos eran unos nerdos, feos, desagradables y con voces insoportables. De alguna manera, estaban *nerfeando* su título de caballero.

Weihan Wang fue el primero en morir: lo apuñaló 15 veces. El siguiente fue Chen Hong: apuñalado 25 veces. Después de acabar con sus vidas, Elliot los arrastró a sus respectivas habitaciones y los cubrió con sendas mantas. George Chen llegó el último. Como se resistió un poco, Elliot se ensañó en particular con él, asestándole nada menos que 94 puñaladas.

Después de los apuñalamientos, Elliot se dirigió a un Starbucks con el fin de comprar un café para llevar.

Alrededor de las ocho y media, fue visto sentado en su BMW negro en el estacionamiento de su edificio de apartamentos, en el 6500 de Sevilla Road, en el corazón de Isla Vista.

En su regazo, tenía abierto el ordenador portátil. Desde allí, podía acceder a su wifi. Necesitaba buena conexión, porque no solo estaba enviando su extenso manifiesto por correo electrónico, sino también un vídeo titulado *Elliot Rodger's Retribution*. Ahí mismo, sentado al volante, Elliot se había grabado durante siete minutos, explicando el aislamiento y las frustraciones sexuales que estaba sufriendo, deteniéndose a veces para reírse de sí mismo. También describió su deseo de castigar a las mujeres por rechazarlo, así como a los hombres sexualmente activos por vivir una vida mejor que la suya.

Su voz plácida y escalofriante decía cosas como:

> Durante los últimos ocho años de mi vida, desde que llegué a la pubertad, me he visto obligado a soportar una existencia de soledad, rechazo y deseos insatisfechos. Las chicas daban su afecto, sexo y amor a otros hombres, pero nunca a mí. Tengo 22 años y todavía soy virgen. Ni siquiera he besado a una chica. He asistido a la universidad durante dos años y medio, más que eso, en realidad, y todavía soy virgen. [...] En esos años, he tenido que pudrirme en soledad. [...] No sé qué es lo que no veis en mí. Soy el chico perfecto y aun así os arrojáis sobre estos hombres desagradables en lugar de hacerlo sobre mí, el caballero supremo.

## Ubicación 2

Elliot iba fuertemente armado. En septiembre de 2012, visitó un campo de tiro para entrenarse.

> Entré al campo de tiro, alquilé un revólver del viejo cajero y empecé a practicar los disparos contra blancos de papel. Mientras disparaba mis primeras rondas, se me revolvió el estómago. Cuestioné mi vida entera y me hice las siguientes preguntas: «¿Qué estoy haciendo aquí? ¿Cómo es que las cosas llegaron hasta este punto?». No podía creer que mi vida fuera en esta dirección. Ahí me encontraba, practicando disparos con pistolas reales porque planeaba llevar a cabo una matanza.

En noviembre de 2012, adquirió su primera pistola, una Glock 34, por considerarla «un arma eficaz y muy precisa». Después de tenerla en su poder, Elliot experimentó «...una nueva sensación de poder. Ahora estaba armado. ¿Quién es el macho alfa ahora, perras?».

En la primavera de 2013, se hizo con dos pistolas más, ambas SIG Sauer P226, pues eran «de una calidad muy superior a la Glock» y «mucho más eficientes».

> Necesitaba comprar una tercera pistola, solo por si una de ellas se bloqueaba. Necesitaba dos pistolas que funcionaran al mismo tiempo, ya que así era como planeaba cometer un suicidio; con dos disparos simultáneos en la cabeza. También necesitaba comprar cargadores y municiones, así como cuchillos y estuches para llevar el equipo.

En su vídeo, también había descrito su plan para invadir la casa de una hermandad universitaria femenina: «Mataré a cada puta rubia, engreída y mimada que vea allí dentro. Todas esas chicas que tanto he deseado. Todas me han rechazado y menospreciado como a un hombre inferior».

Y así lo hizo. O, al menos, lo intentó.

Elliot se dirigió a la hermandad Alpha Phi de la UCSB, en el 800 de Embarcadero del Norte. Algunas integrantes de la hermandad escucharon golpes fuertes y agresivos durante dos minutos. Si fuera una película de terror, una de las chicas hubiera abierto la puerta. Pero, por fortuna, en el mundo real, nadie suele cometer ese error.

Frustrado, Elliot desistió y optó por abrir fuego a tres chicas que andaban cerca de allí, al otro lado de la calle. Al fin y al cabo, tenían cromosomas sexuales XX. Eso era más que suficiente.

Las chicas pertenecían a la hermandad Delta Delta Delta. Dos de ellas fallecieron: Veronika Elizabeth Weiss, de 19 años, y Katherine Breann Cooper, de 22.

Sintió la adrenalina corriéndole por la sangre. Su sueño estaba haciéndose realidad. Quizá hasta podría crear su mundo ideal, donde encerraría a todas las mujeres en campos de concentración.

> En estos campos, la gran mayoría de la población femenina será deliberadamente asesinada de hambre. Esa sería una manera eficiente y adecuada de matarlos a todos. [...] Haría construir una torre enorme solo para mí [...] y verlos morir a todos con alegría.

## Ubicación 3

Elliot se dirigió entonces a una tienda Deli Mart, en Pardall Road, y volvió a disparar contra la gente indiscriminadamente.

Christopher Michaels-Martinez, el único hijo de dos abogados de San Luis Obispo y también estudiante de UCSB, estaba justo en la puerta de la tienda. Conocido como un ávido lector y gran atleta, había planeado pasar un año estudiando en Londres. No podía imaginarse que una bala truncaría sus sueños para siempre.

## Ubicación 4

A continuación, condujo unos metros, hasta que empezó a disparar varias veces a través de la ventanilla contra otras dos personas que paseaban por la acera.

Bailey Maples acababa de salir de un restaurante llamado Pizza My Heart con su amigo Aaron Zaglin, cuando vio que un BMW negro se paraba a su lado. Elliot bajó la ventanilla, dijo algo que no pudieron descifrar, luego se rio de una manera que describirían *a posteriori* como «espeluznante» y comenzó a disparar. Por fortuna, solo fueron heridos.

Luego, Elliot aceleró, golpeando a un peatón que intentaba cruzar la carretera.

## Ubicación 5

Elliot continuó circulando por Del Playa Drive, también en Isla Vista, donde apuntó con una pistola a una mujer y disparó más veces, hiriéndola. Acto seguido, dio media vuelta y se dirigió hacia el oeste por Del Playa Drive.

Ahí fue donde se cruzó con su primer enemigo armado: el sheriff del condado Adrien Márquez. Hubo un intercambio de disparos entre ellos, pero Elliot optó por huir de allí. Su viaje de venganza debía proseguir.

Sí, no podía parar. Necesitaba hacer realidad su utopía:

> Un mundo puro, [donde] la mente del hombre puede desarrollarse a mayores alturas que nunca. Las generaciones futuras vivirán sus vidas libres de tener que preocuparse por la barbarie del sexo y las mujeres, lo que les permitirá expandir su inteligencia y hacer avanzar a la raza humana hacia un estado de civilización perfecta.

## Ubicación 6

Condujo a gran velocidad hasta el 6600 de Del Playa Drive, donde, casi por seguir segando vidas a buen ritmo, atropelló a un ciclista que estaba paseando por la zona. Por fortuna, solo fue herido.

## Ubicación 7

Elliot continuó avanzando por Camino del Sur hasta una intersección donde disparó múltiples tiros contra peatones de la zona y alcanzó a tres de ellos.

Hannah Miller y Sierra Swartz paseaban por la zona cuando escucharon algo que sonaba como disparos, pero no estaban seguras, ya que los fuegos artificiales eran muy frecuentes en Isla Vista. Entonces, un BMW negro pasó frente a ellas, a escasos metros. Swartz más tarde describió al conductor como un tipo «del todo normal», con cabello castaño y gafas de sol.

## Ubicación 8

El viaje se puso más difícil cuando se volvió a topar con cuatro agentes de la ley, alrededor de Little Acorn Park. Les disparó mientras pasaba junto a ellos a gran velocidad. Tres de los cuatro agentes respondieron al fuego y alcanzaron el coche de Elliot. Uno de aquellos tiros alcanzó probablemente la cadera izquierda de Elliot. Era su primera herida.

No estaba dispuesto a que su viaje terminara tan rápidamente, así que huyó de allí a toda velocidad.

Después, uno de los agentes declaró: «No solo sentí que mi vida estaba amenazada, sentí que la vida de cada persona en Isla Vista estaba amenazada. Aquel tipo estaba conduciendo como un loco y disparando a todo el mundo».

### Ubicación 9

Elliot regresó de nuevo a Del Playa, donde los testigos dicen que atropelló a otro ciclista. El ciclista aterrizó en el parabrisas del BMW con tanta fuerza que resquebrajó la luna. Elliot perdió el control, estrellándose al final contra varios vehículos estacionados. Eran las 21:35. Todo había sucedido en unos pocos minutos que, sin embargo, para muchos de los residentes en Isla Vista, habían parecido horas.

La policía acudió con celeridad al lugar del accidente. Elliot, sin embargo, ya estaba muerto. Se había volado la tapa de los sesos. En su coche, hallaron las armas de fuego, varios cuchillos y 548 cartuchos de munición no utilizados.

## CONSECUENCIAS

Cuando los padres de Elliot leyeron el manifiesto que dejó, sus corazones se encogieron. Nunca hubieran sospechado que su hijo albergara tanto odio y resentimiento. Sus vídeos son una pesadilla que los acompañará para siempre. Las personas asesinadas que dejó Elliot a su paso les causaron tal pena que jamás podrían olvidarlas.

La devastadora matanza de Isla Vista en 2014 se cobró la vida de seis estudiantes de la Universidad de California en Santa Bárbara. Las víctimas en el apartamento de Elliot fueron George Chen, Cheng-Yuan «James» Hong y Weihan «David» Wang. También perdieron la vida Katherine Breann Cooper, Christopher Ross Michaels-Martinez y Veronika Elizabeth Weiss. Cooper y Weiss fallecieron en las inmediaciones de la casa de la hermandad Alpha Phi, mientras que Michaels-Martínez lo hizo en la tienda Deli Mart.

Además de las vidas que se perdieron, otras catorce personas sufrieron heridas de diversa gravedad. De ellas, siete recibieron disparos y el resto sufrió lesiones debido a que fueron atropelladas por Elliot con su BMW. Once de los heridos requirieron hospitalización inmediata. Siete de ellos fueron trasladados al Hospital Santa Barbara Cottage, donde dos se encontraban en estado grave.

Esta tragedia no solo dejó cicatrices físicas, sino también un impacto emocional y psicológico duradero en las víctimas, sus familias y la comunidad universitaria.

También se convirtió en un ejemplo clave en debates nacionales en Estados Unidos, sobre todo, en lo que respecta al control de armas y la atención de la salud mental.

En cuanto al control de armas, el caso ilustró, una vez más, las lagunas existentes en las legislaciones y en los sistemas de verificación de antecedentes. La facilidad con la que el autor del ataque pudo adquirir armas y municiones despertó interrogantes acerca de la eficacia de los mecanismos de control y puso sobre la mesa la necesidad de endurecer las regulaciones, así como la prohibición de ciertos tipos de armas semiautomáticas y de alta capacidad.

Respecto a la atención de la salud mental, el caso reveló las deficiencias en la detección y tratamiento de problemas mentales, especialmente, en etapas tempranas. El hecho de que el perpetrador hubiera mostrado señales de inestabilidad emocional antes del ataque generó un intenso debate sobre cómo podría mejorarse la identificación y el tratamiento de individuos en situación de riesgo. Esto incluyó la consideración de la implantación de sistemas más robustos para la intervención temprana y cómo los profesionales de la salud, las escuelas y las familias podrían colaborar de manera más efectiva para evitar tragedias similares en el futuro.

Además, el caso abrió un diálogo sobre la importancia de desestigmatizar la salud mental, argumentando que la estigmatización podría hacer que las personas no busquen la ayuda que necesitan. También se establecieron diversas propuestas, como el aumento de la financiación para servicios de salud mental y la integración de la educación sobre salud mental en programas educativos.

La noche del 24 de mayo, el Parque Anisq'Oyo de Isla Vista se iluminó con la tenue luz de las velas cuando estudiantes y miembros de la comunidad local se congregaron en un acto conmovedor para rendir homenaje a las víctimas de Elliot. El ambiente era de profunda conmoción y solidaridad. El sentimiento de duelo también se hizo presente el 27 de mayo, cuando unas 20.000 personas llenaron el estadio Harder de la UCSB, en un homenaje conmemorativo en recuerdo de las víctimas.

Tras los trágicos sucesos, se generó un amplio debate en redes sociales, específicamente, en Twitter. Un grupo de usuarios recurrió al hashtag #NotAllMen para subrayar que no todos los hombres son misóginos ni responsables de actos violentos como los perpetrados por Elliot. Sin embargo, este *hashtag* fue objeto de críticas por parte de quienes argumentaban que desviaba la atención del problema fundamental: la violencia contra las mujeres. Como réplica, @anniecardi y @gildedspine introdujeron el *hashtag* #YesAllWomen el mismo 24 de mayo. Su intención era resaltar que, con independencia del comportamiento de algunos hombres, todas las mujeres se enfrentan, en algún momento de su vida, a situaciones de discriminación, sexismo o misoginia.

En febrero de 2020, el Centro Internacional contra el Terrorismo de La Haya clasificó retroactivamente estos asesinatos como un acto de terrorismo motivado por la misoginia. Por su parte, el Servicio Secreto de Estados Unidos los etiquetó como un acto de «extremismo misógino», poniendo de manifiesto la profunda raíz del odio hacia las mujeres en el incidente.

# ANÁLISIS DEL CASO

En una época en la que los derechos y la seguridad de las mujeres ocupan un lugar central en el debate global, el caso de Elliot Rodger emerge no solo como un recordatorio sombrío de las tragedias que aún enfrentan, sino también como un complejo estudio de las intersecciones entre salud mental, los roles esperados de género, y las estructuras sociales que perpetúan la violencia. Mientras analizamos su historia, es crucial reconocer que, aunque este caso resuena fuertemente con los desafíos actuales que enfrentan las mujeres en muchas partes del mundo, sería reduccionista verlo únicamente bajo esta lente. Este análisis se propone examinar las múltiples capas que configuraron los actos de Rodger, buscando entender cómo diversos factores convergen en la creación de una tormenta perfecta de desesperación y violencia. Al hacerlo, espero ofrecer una perspectiva más amplia que nos permita reflexionar sobre las raíces más profundas de estos problemas, más allá de los actos individuales de violencia.

## ELLIOT RODGER A NIVEL PSICOLÓGICO

Para comprender la psique de Elliot Rodger, es fundamental adentrarse en un entramado de factores psicológicos y sociológicos que confluyeron en su trágica trayectoria y culminaron en la masacre de Isla Vista.

Elliot Rodger presentaba varios indicadores de trastornos psicológicos. Desde una edad temprana, mostró signos de ser socialmente retraído y tuvo dificultades para interactuar con sus compañeros. Se le diagnosticó un trastorno del espectro autista de alto funcionamiento, que tiene las características del autismo, aunque sus síntomas parecen hallarse atenuados y la inteligencia se encuentra entre los rangos que van de normal a superior.

Pero las acciones que Rodger llevó a cabo no deben atribuirse simplemente a este diagnóstico.

Su condición fue quizá también un impedimento a la hora de desarrollar las habilidades necesarias para navegar por las complejidades de las relaciones sociales, porque, a menudo, las personas con esta condición encuentran dificultades en el momento de interpretar señales sociales y emocionales. Es como si tuvieran la brújula social estropeada. Y eso, como sabréis, enseguida puede condenarte a la soledad.

Si nos fijamos en los escritos de Rodger, el aislamiento social es un tema recurrente en su vida. Este aislamiento no solo fue el resultado de sus luchas internas, sino también de sus percepciones distorsionadas de las interacciones sociales. Sentía que era rechazado constantemente, en especial, por las mujeres, lo que alimentó un ciclo de resentimiento y desesperación.

Por si esto fuera poco, ese sentimiento de rechazo fue exacerbado por una intensa sensación de narcisismo y grandiosidad. Rodger creía que merecía atención, admiración y afecto, sobre todo, de las mujeres. Cuando estas expectativas no se cumplían, su frustración se transformaba en ira y odio, lo que, en el contexto de sus relaciones con las mujeres, se transformó en una misoginia y una hostilidad extremas.

La misoginia de Rodger fue un factor clave en su camino hacia la violencia. Veía a las mujeres no como individuos con sus propios derechos, sino como objetos que le negaban lo que creía merecer. Esta percepción distorsionada, combinada con su incapacidad para establecer relaciones saludables, fue el caldo de cultivo de sus pensamientos sombríos y sus acciones destructivas.

Basta con echar un vistazo a la habitación de Rodger para encontrar un buen número de pistas sobre su trastorno. En las primeras horas de la mañana del 25 de mayo, cuando la policía irrumpió en su apartamento, encontró un ordenador donde estaba abierto un vídeo de YouTube titulado *Venganza*, en el que Rodger desvelaba sus oscuros propósitos. Aunque YouTube eliminó el vídeo poco después de que se hiciera viral, todavía es posible encontrarlo.

También se hallaron sábanas y cojines rasgados y con marcas de cortes, lo que hizo pensar que quizá Elliot había estado ensayando sus asesinatos o, simplemente, desahogando su furia. Sobre la cama, había una camiseta y unos vaqueros manchados de sangre. En la habitación, también había décimos de lotería, una copia del libro *El arte de la seducción*, videojuegos como *Call of Duty*, *World of Warcraft* y *Halo*, latas de bebidas energéticas y un vaso de Starbucks. Entre los objetos más inquietantes, destacaban cuchillos, un martillo, cajas vacías de munición y un manuscrito titulado *Mi mundo retorcido*.

También se encontró un diario de Elliot. En la última página, se podía leer: «He arrancado algunas hojas por miedo a que descubrieran mis intenciones. Las volví a poner lo más rápidamente que pude. Está hecho. En una hora, este cruel mundo conocerá mi venganza. ¡Os detesto a todos! MORIRÉIS».

Su iPhone contenía 492 archivos, entre fotos y vídeos. En algunos, Elliot mostraba desprecio hacia sus compañeros de piso o frustración debido a que era ignorado por las mujeres.

Su historial de navegación era un batiburrillo perturbador: búsquedas sobre Adolf Hitler («Adolf Hitler tenía novia»), referencias a animes con temáticas nazis, consultas sobre cómo asesinar con cuchillo y otros términos aún más oscuros. También había rastros de búsquedas de contenido pornográfico. En uno de sus últimos mensajes en el sitio web PUAhate.com, escribió con prepotencia sobre su aspecto, afirmando que todos envidiaban su atractivo rostro.

En conclusión, la historia de Elliot Rodger es una compleja intersección de problemas de salud mental, trastornos de personalidad, influencias culturales y fallas sistémicas. Su caso exige una comprensión más profunda y holística de los factores que pueden llevar a ciertos individuos a cometer actos de violencia extrema, así como la necesidad de abordar los problemas subyacentes de salud mental y las actitudes culturales hacia la masculinidad, el sexo y la violencia.

## CONTEXTO SOCIOLÓGICO

El acto de Rodger refleja problemas sociales más amplios, incluyendo el machismo y la cultura de la violencia.

Claramente, Rodger se identificó con la comunidad *incel* (acrónimo derivado de *involuntarily celibate*; es decir, 'célibes involuntarios'), un grupo caracterizado por su misoginia y su resentimiento hacia las mujeres. Es posible que este entorno reforzara y validara sus percepciones distorsionadas.

La cultura *incel* es un fenómeno que ha emergido con fuerza en la era digital, principalmente, a través de comunidades *online*. Estos espacios digitales varían mucho: algunos funcionan como grupos de apoyo, mientras que otros se han convertido en foros donde se expresa la frustración, la ira y, en casos extremos, la misoginia, el supremacismo masculino y las teorías conspirativas sobre la sexualidad femenina.

Es crucial destacar, sin embargo, que no todos los miembros de estas comunidades suscriben tales ideas extremas.

Más allá de estas ideologías, la cultura *incel* está íntimamente ligada a problemas de salud mental. La soledad y el aislamiento son comunes entre los *incel* y exacerban afecciones como la depresión y la ansiedad. Este ciclo de salud mental deteriorada y las dificultades para establecer relaciones saludables es un desafío significativo.

En cuanto a las respuestas a este fenómeno, hay un debate continuo. Algunos especialistas proponen enfoques terapéuticos y de apoyo para abordar la soledad y los problemas de salud mental, mientras que otros abogan por medidas más estrictas contra las plataformas que fomenten ideologías extremas.

Dentro de este contexto, surge la necesidad de una comprensión equilibrada. Es crucial condenar las ideologías extremas y la violencia asociada con algunos sectores *incel*, pero también es importante comprender y abordar los problemas de soledad y aislamiento a los que muchos *incel* se enfrentan. Decir que todos los *incel* son misóginos o peligrosos es un enfoque simplista y dañino. De entrada, es fundamental reconocer la diversidad de experiencias dentro de estas comunidades.

En su manifiesto, Rodger también expresó creencias que reflejan una visión tóxica de la masculinidad, donde el valor de un hombre se mide por su éxito sexual y su capacidad de seducción.

La soledad no es buena compañera. Ser virgen todavía es más arduo. Es el tipo de estigma que, en la sociedad actual, realmente puede minar la autoestima de alguien, en especial, si ya arrastra otros problemas de socialización o algún desorden psicológico.

Por supuesto, hay personas que permanecen vírgenes por razones morales. Algunos nunca tienen relaciones sexuales por elección. Quieren esperar hasta el matrimonio o, quizá, hasta encontrar el verdadero amor. Otras veces, uno puede ser virgen por razones más complicadas, como un trauma.

Pero ¿qué ocurre con las personas que desean tener relaciones sexuales, pero que, debido al rechazo general de las mujeres, no pueden llegar a tenerlas? Elliot podría encajar en este perfil, aunque no del todo. Según su manifiesto, no solo le mortificaba el que nadie le quisiera, sino que él tampoco estaba dispuesto a salir con una chica que no fuera atractiva. Tal vez, Elliot podría haber tenido sexo con alguna chica *nerd*, como él, pero consideraba que merecía mucho más que eso. Elliot prefería la virginidad antes que perderla con cualquiera que no encajara en su ideal.

En cualquier caso, como explica Brian Whitney en su libro *The «Supreme Gentleman» Killer: The True Story of an Incel Mass Murderer*, Elliot tampoco tenía amigas. De hecho, no parece que ni siquiera hubiera intentado conocer a una chica en toda su vida. Lo único que hacía, con verdadero interés, era pavonearse. Vestía la ropa adecuada, conducía el coche adecuado e incluso asistía a las fiestas adecuadas, siempre con la intención de impresionar a alguna chica especial que acabara cayendo a sus pies. El problema para Elliot fue que eso nunca sucedió y él no parecía dispuesto a dar el primer paso. Quizá tenía la convicción de que eso suponía rebajarse. O tenía miedo al rechazo. O puede que fuera demasiado tímido.

Sea cual sea la razón, Elliot no tenía sexo mientras los demás, sí. Así que se sentía como si fuera invisible para las chicas. Como si él no mereciera a nadie cuando, en realidad, creía que solo merecía a una mujer que tuviera el aspecto de una supermodelo o una actriz de Hollywood. Hubiera sido vergonzoso aspirar a menos.

Un porcentaje significativo de hombres culpa a las mujeres cuando se sienten mal por sus perspectivas sexuales. Estos hombres piensan que las mujeres no quieren al chico bueno, al chico inteligente y solo quieren a un patán con dinero o un buen cuerpo que las trate mal, es decir, al típico chico malo, al jugador de rugby o al obseso del gimnasio que no ha leído ni un libro en toda su vida. Elliot también creía en este tipo de cosas.

## INFLUENCIA DE LOS MEDIOS Y REDES SOCIALES

1. **Ecosistema de las redes sociales**: las plataformas de redes sociales donde Rodger encontró acomodo para sus frustraciones y resentimientos desempeñaron un papel crucial. Se sabe que frecuentaba foros como PUAhate y ForeverAlone.
2. **Radicalización *online***: Rodger pudo haberse encontrado con comunidades *online* que compartían y potenciaban sus creencias misóginas y sus percepciones distorsionadas sobre las relaciones y la sociedad. Las conocidas «cámaras de eco» de las redes sociales y los foros *online* funcionaron a toda potencia en su caso particular.

Así, uno de los problemas principales de Elliot en relación con las chicas era su actitud. No era su físico, no era su dinero ni tampoco su estatus social. Era su actitud hacia las mujeres y hacia sí mismo lo que lo mantenía condenado a la soledad. Lo que lo mantenía virgen. Y lo que, finalmente, le empujó a cometer esos actos horribles.

Por desgracia, ahora mismo, Rodger es una estrella para mucha gente. Un ídolo. En algunas comunidades *online* que se identifican como *incel*, de hecho, es frecuente observar una tendencia perturbadora hacia la glorificación de la violencia que practican miembros que se identifican como parte de ese grupo. En estos espacios digitales, Elliot Rodger es, con frecuencia, el individuo más citado. Se le conoce como «santo» y es común ver su rostro superpuesto en imágenes de figuras religiosas cristianas, como si fuera un icono venerable.

Además, a menudo, emplean las siglas ER para hacer referencia a Elliot Rodger. Este término se ha convertido en un tipo de código para hablar de actos de violencia masiva. Cuando alguien comete un acto violento y se identifica con esta subcultura, se dice que ha decidido «ir de ER», lo cual es un eufemismo para emular el comportamiento violento de Elliot.

Por eso, incluso perpetradores o presuntos responsables de otros actos violentos de extrema crueldad también han hecho referencia a Elliot Rodger. Por ejemplo, Alek Minassian, quien fue el responsable del asesinato de diez personas y de herir a dieciséis más en Toronto, Canadá, publicó en Facebook una llamada al «sargento 4chan» y proclamó el inicio de la «rebelión *incel*», instando a «derrocar a los Chads y las Stacys» (términos peyorativos empleados para describir, respectivamente, a hombres y mujeres socialmente exitosos). En su mensaje, Minassian también instaba a «saludar al Caballero Supremo Elliot Rodger».

## DEBATE SOBRE EL CONTROL DE ARMAS

La facilidad con la que Rodger adquirió armas de fuego para su posterior uso en la masacre puso de relieve la problemática de la regulación de armas en Estados Unidos. Este aspecto sociológico es crucial, ya que la disponibilidad de armas amplifica el potencial de daño que una persona con intenciones violentas puede infligir.

En el estudio de Jun Sung Hong y otros, «Proposing and testing the pathways from bullying victimization to bringing a weapon to school», de 2023, se investigó la posible relación entre ser víctima de acoso escolar y la propensión a llevar armas a la escuela, lo cual estaría influenciado, de manera directa o indirecta, por factores como la percepción de inseguridad en la institución educativa, una perspectiva negativa respecto a la educación futura y la tendencia a incurrir en absentismo escolar.

En conclusión, las personas que sufren acoso escolar tienden a experimentar una sensación de inseguridad mientras están en la escuela, así como a manifestar una perspectiva desfavorable sobre su trayectoria educativa futura y a ausentarse con mayor frecuencia de las clases, factores que están vinculados de manera significativa con la mayor probabilidad de llevar un arma al centro educativo.

Además, el acceso a las armas ha provocado el aumento de un nuevo tipo de asesino: el asesino en masa.

Hasta hace poco, los asesinos en serie tuvieron un perfil bastante característico. El que hemos visto en muchas películas. Las décadas de los setenta y los ochenta del siglo pasado fueron un período de alta actividad para los asesinos en serie. Las cifras alcanzaron su punto máximo en los años setenta, cuando había casi trescientos asesinos en serie activos en Estados Unidos. En la década de los ochenta, había más de 250 asesinos activos que causaban en total entre 120 y 180 muertes por año. Cuando llegó la segunda década del siglo XXI, había menos de cincuenta asesinos en serie activos conocidos.

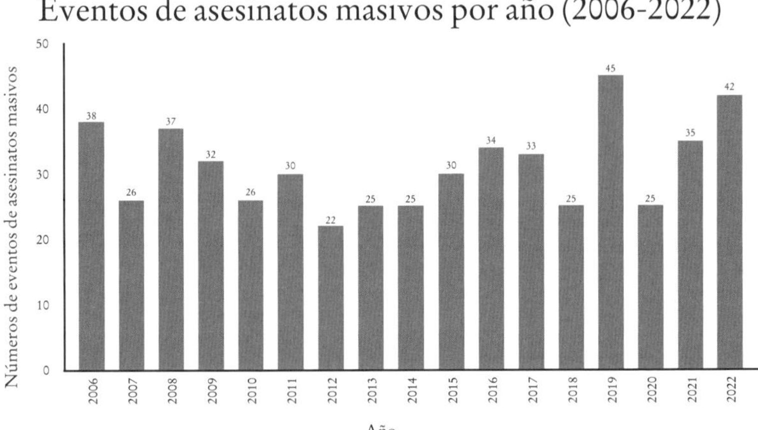


Datos de la Universidad de Radford y la Universidad de la Costa del Golfo de Florida que han sido analizados, revisados y publicados en el libro *Extreme Killing: Understanding Serial and Mass Murder*, de James Alan Fox, Jack Levin y Emma Fridel (2005).

Sin embargo, la violencia de los asesinos en serie no desapareció. La violencia latente en el ser humano nunca desaparece. Es como la energía: solo se transforma. De este modo, aquella violencia se reorientó hacia otro tipo de asesino, otra forma de villano: los asesinos en masa.

A pesar de que las armas eran comunes antes de la década de los noventa, era raro que alguien pensara siquiera en realizar un tiroteo en una escuela, hasta que se popularizaron con la matanza de la Escuela Secundaria de Columbine, en la que los estudiantes de último año Eric Harris y Dylan Klebold asesinaron a nueve estudiantes y a un profesor.

Esta forma de asesinar, que fue adoptada por Elliot, se ha hecho tan popular que, hasta 2022, más de 2.650 personas en Estados Unidos han muerto en más de quinientos asesinatos masivos durante los últimos diecisiete años.

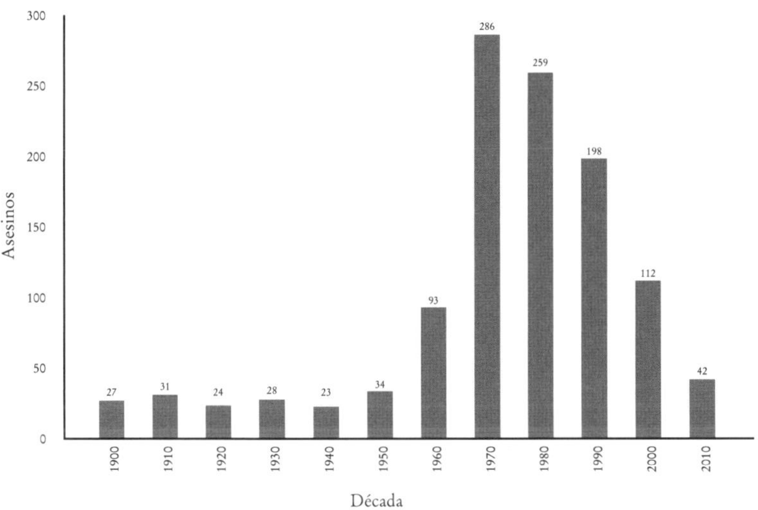


La tabla hace referencia a todos los asesinatos en masa, con todas las armas y medios, en los que cuatro o más personas (excluyendo al delincuente) murieron en un periodo de veinticuatro horas.

## RESPUESTA SOCIAL A LA SALUD MENTAL

Según fuentes cercanas, incluido el abogado de la familia Rodget, Elliot asistió a terapia desde los ocho años, pero nunca recibió un diagnóstico formal de enfermedad mental. Sin embargo, en 2007, se le diagnosticó un trastorno generalizado del desarrollo no especificado, que es parte del espectro autista. Durante el noveno grado, experimentó acoso escolar y desarrolló una adicción al videojuego *World of Warcraft*, que perduró durante su adolescencia.

Sin embargo, después de cumplir dieciocho años, empezó a rechazar la atención de salud mental y se aisló cada vez más. Decía que no era capaz de hacer amigos, aunque no lo ponía nada fácil: en su manifiesto, afirma que, en 2011, le había arrojado café a una pareja de la que estaba celoso. También afirma que salpicó con café a dos niñas por no sonreírle.

Así pues, el caso de Rodger también ilustra los fallos en el sistema de salud mental y en la respuesta social a este tipo de enfermedad. Además, evidencia la necesidad de una mayor conciencia y más recursos para la identificación y el tratamiento de individuos en riesgo. La estigmatización de la salud mental acaso impidió una intervención más temprana y efectiva o, al menos, un seguimiento más exhaustivo.

También es posible que las normas sociales sobre la masculinidad pueden haber impedido que buscara o aceptara ayuda cuando alcanzó la adolescencia. Este es un problema grave que afecta, en mayor o menor medida, a la mayoría de hombres. Es algo que se pudo ver, por ejemplo, durante la pandemia de COVID-19, cuando los hombres evitaban más que las mujeres visitar centros de salud por el riesgo de contagio. Según el informe *Mental health, men and culture* ('Salud mental, hombres y cultura'), un documento publicado por Health Evidence Network (HEN) —plataforma de la Organización Mundial de la Salud (OMS)—, el concepto tradicional de «masculinidad» es un claro obstáculo para que los hombres busquen ayuda por problemas psicológicos. Este impacto se intensifica en aquellos que experimentan desventajas socioeconómicas, discriminación o marginación.

## Conclusión

Realizar estos análisis sobre algunos de los casos más terribles de los que tengo conocimiento me recuerda mis años de estudiante de Psicología. A pesar de todo lo que he leído desde entonces, debo reconocer que aún siguen sorprendiéndome los vericuetos por los que puede colarse la cordura de la mente humana.

Por otra parte, te das cuenta de que, en nuestras sociedades y culturas, lo que vemos en los medios de comunicación y en internet puede tener un impacto en el modo de comportarse de una persona. Este caso nos advierte de que debemos hacer algo con esas normas de género que, más que ayudar, dañan tanto a hombres como a mujeres. Los roles de género no deberían ser grilletes de nuestra forma de vivir. Si uno quiere salir del redil, debería poder hacerlo sin ser duramente juzgado por sus semejantes.

Este caso también nos advierte de la necesidad de regular la venta de armas automáticas, porque son este tipo de armas las que resultan más peligrosas cuando un asesino en masa quiere provocar una masacre. Sin contar con que cualquier persona debería ser sometida a chequeos de salud mental antes de adquirir cualquier arma de fuego y, después, de forma periódica. Un arma de fuego no solo es peligrosa para los demás, sino también para uno mismo.

Por último, el caso de la masacre de Isla Vista nos abre los ojos sobre lo importante que es estar pendientes de los factores que pueden influir y hasta radicalizar las opiniones y la manera de actuar de la gente. Nadie es fiable al cien por cien. Todos podemos ser víctimas.

# 8

# LA CASA DE LOS HORRORES (California, 2018)

## MALDAD INTRAFAMILIAR

*Trece hermanos permanecieron confinados en casa de sus padres, David y Louise Turpin, sin conocer apenas el mundo exterior. Mientras duró aquel cautiverio, los niños vivieron en condiciones infrahumanas y fueron sometidos a continuas torturas y maltrato psicológico.*

A cien kilómetros km al sudeste de Los Ángeles, la localidad de Perris se enorgullece de su orientación hacia la familia, destacando sus buenas escuelas, calles seguras y una amplia variedad de actividades para los más pequeños. Muir Woods Road es una de sus vías más elegantes, con jardines meticulosamente recortados y gnomos que decoran las entradas.

Desde el exterior, la casa ubicada en el número 160 de Muir Woods Road no parecía distinta de las demás. David y Louise Turpin, junto con sus doce hijos, se mudaron a ella en mayo de 2014, cuando todavía era una vivienda modelo en el recién inaugurado barrio de Monument Park. Fue una de las primeras familias en asentarse en la zona.

A lo largo de los cuatro años siguientes, los Turpin mantuvieron un perfil bajo, saliendo con poca frecuencia de los confines de su hogar (por lo general, solo para recoger el correo del buzón comunitario) y manteniendo las interacciones mínimas con los vecinos.

David Turpin, de 57 años, era quizá la única excepción en este régimen de anonimato. No solo llamaba la atención por su abundante cabello teñido de rubio y peinado hacia adelante, sino que todos en el barrio sabían que trabajaba como ingeniero aeroespacial para Northrop Grumman y disfrutaba de un salario de seis cifras. La flota de tres coches y una furgoneta de quince plazas aparcados en su entrada eran buena prueba de ello.

Sin embargo, tras las puertas cerradas de su hogar, la realidad era muy diferente.

## FAMILIA NUMEROSA POR DESIGNIO DIVINO

David Allen Turpin, nacido el 17 de octubre de 1961, y Louise Anna Turpin, nacida el 24 de mayo de 1968, contrajeron matrimonio en el año 1985, en la localidad de Pearisburg, en el estado de Virginia. En aquel momento, David tenía 23 años, mientras que Louise era mucho más joven, con dieciséis años. Pero, de hecho, David ya había empezado a sentir cosas por Louise cuando ella apenas tenía diez años.

Al principio, salieron un tiempo en secreto. Louise le confió a su hermana Elizabeth que se casaría con David lo antes posible y tendría doce hijos. También le dijo que David iba a ser un ingeniero rico, que ganaría cien mil dólares al año y le daría todo lo que había soñado tener.

La decisión de casarse fue controvertida, en especial, para el padre de Louise, Wayne Robinette, quien ejercía como pastor en una iglesia evangélica pentecostal. La pareja no contó con su aprobación, en gran parte debido a que se habían fugado para contraer matrimonio.

En lo que respecta a la formación académica y profesional de David, se graduó como ingeniero informático en el Instituto Politécnico y Universidad Estatal de Virginia. Antes de entrar en la universidad, había completado sus estudios secundarios en la Princeton High School. Durante ese periodo, en el anuario escolar, destaca su participación en diversas actividades y clubes. Por ejemplo, fue tesorero del Club de la Biblia, cocapitán del Club de Ajedrez y miembro activo del Club de Ciencias, y formó parte del coro a capela de la institución.

También era un gran admirador de la serie *Star Trek*, identificándose fuertemente con el señor Spock, el vulcaniano que priorizaba la lógica y el razonamiento a las emociones. Con toda seguridad, se inspiró en este personaje para su peinado.

Louise, sin embargo, estaba dedicada al hogar. Había cursado estudios en la Glenwood Junior High School para luego asistir, al igual que David, a la Princeton High School. Según Richard Ford, un compañero de clase de Louise en la Princeton High School, ella era «muy callada y reservada», y añadía que no gozaba de un amplio círculo de amigos y que incluso era objeto de cierto grado de acoso. «Daba la impresión de que estaba aislada del resto», comentó Richard Ford. «No recuerdo haberla visto participar en actividades sociales comunes entre los estudiantes, como visitar el centro comercial los fines de semana o asistir a eventos deportivos».

En el anuario escolar de 1984, Louise solo figura como vicepresidenta del club bíblico. Su retrato en dicho anuario la muestra vistiendo un jersey de cuello redondo típicamente estadounidense, con su cabello largo, oscuro y rizado, rematado por un flequillo.

La pareja compartía ciertas creencias religiosas y sociales específicas, como su afiliación al movimiento Quiverfull, un sector dentro del cristianismo evangélico que promueve la idea de que las familias deberían tener tantos hijos como sea posible. Los seguidores de este movimiento rechazan, por lo general, el uso de anticonceptivos y, en muchos casos, también se oponen a cualquier tipo de planificación familiar, sosteniendo que la decisión sobre el número de hijos que una pareja debería tener está en manos de Dios. El papel de la mujer en el hogar suele ser tradicional, centrado en la crianza de los hijos y las labores domésticas, mientras que el hombre suele ser visto como el principal proveedor y líder espiritual de la familia.

Así, en otoño de 1987, Louise se quedó embarazada. Al verano siguiente, David tomó una fotografía de Louise, que entonces tenía veinte años, vistiendo una camisa de cuadros y exhibiendo con orgullo su vientre de ocho meses. Pocos días más tarde, el 28 de julio, Louise dio a luz a una niña a la que bautizaron con el nombre de Jennifer Dawn.

Años después, el 3 de febrero de 1992, la familia Turpin dio la bienvenida a un niño, al que llamaron Joshua David. A partir de ese momento, establecieron una pauta según la cual todos los nombres de sus hijos empezarían con la letra J.

El 3 de noviembre, Louise dio a luz a una niña llamada Jessica Louise. El 17 de diciembre de 1995, Louise Turpin dio a luz a su cuarto hijo, Jonathan Wayne.

David y Louise optaron por una educación en casa con un fuerte enfoque en los estudios religiosos. Louise, que había abandonado el instituto a los dieciséis años para casarse con David, sería su profesora. Uno de los aspectos más destacados de esta formación era la memorización de textos bíblicos. De hecho, algunos de los niños emprendieron el ambicioso proyecto de memorizar la Biblia en su totalidad.

De acuerdo con Rick Ross, especialista en sectas y fundador del Cult Education Institute, David empezó a transformar a su familia en algo parecido a una secta. Utilizaba una interpretación distorsionada de las doctrinas pentecostales como fundamento. Se consideraba a sí mismo un líder carismático y calificaba a Louise como su principal colaboradora.

Con el paso de los años y el crecimiento de la familia, David y Louise implementaron un detallado sistema de normas y castigos. Su objetivo era condicionar a los niños para que mostraran una obediencia y una dependencia absolutas.

Se estableció que los niños debían referirse a ellos como Madre y Padre.

Según Rick Ross, la evolución de este grupo sectario llegó a un nuevo nivel cuando David y Louise aislaron a sus hijos del mundo exterior. Crearon una versión distorsionada y cada vez más inestable de la realidad dentro de su propio hogar. David y Louise emplearon tácticas específicas para manipular sus mentes, infundiendo temores irracionales acerca del mundo exterior. Así, lograron instaurar el grado de dependencia, obediencia y sumisión que buscaban.

Esa manipulación sectaria fue progresiva, pero empezó a ser bastante preocupante hacia el año 2006, cuando David y Louise dieron la bienvenida al duodécimo miembro de la familia, una niña a la que llamaron Julissa. Para conmemorar el evento, crearon una nueva dirección de correo electrónico, lessbythedozen@gmail.com, en un guiño humorístico a la comedia *Doce en casa* protagonizada por Steve Martin y estrenada dos años antes. Con ello, Louise había cumplido por fin la aspiración que tenía desde su infancia: dar a luz doce hijos; y lo había hecho en tan solo diecisiete años (tardaría otros diez en tener al siguiente). Incluso encargó una matrícula personalizada para su Mustang con las siglas «DL4EVER». Para entonces, David había construido una jaula de fabricación casera donde confinar a los niños que infringieran sus reglas. Esta jaula de metal medía dos metros de ancho por cinco de alto y la había dividido en dos compartimentos para albergar a dos «infractores». Estaba revestida con un grueso panel de tablero perforado, típico de los que se usan en garajes para colgar herramientas, y había un espacio de unos trece centímetros en la parte inferior por donde pasaban la comida a los niños.

Los padres empezaron a encerrar a sus hijos en esta jaula con candado durante días enteros. Sin embargo, Jonathan, que en ese momento tenía ocho años, descubrió cómo escapar levantando la parte inferior y saliendo a rastras. Para prevenir futuras escapadas, David trajo una perrera con candado. Este nuevo recinto metálico, de aproximadamente un metro cuadrado, era tan pequeño que los niños ni siquiera podían ponerse de pie.

Joshua, que por entonces era un joven esbelto de dieciséis años, relataría más tarde a los investigadores que fue encerrado en la perrera durante un día completo después de que su madre lo descubriera viendo una película de la serie *Star Wars*.

## LA CRISIS DE LA MEDIANA EDAD

El 24 de mayo de 2008, Louise celebró su cuadragésimo aniversario en medio de una crisis de la mediana edad. Tanto David como ella se embarcaron entonces en una exploración de nuevas creencias religiosas que incluían prácticas como la brujería. Incluso empezaron a coleccionar libros satánicos y, supuestamente, contactaron con espíritus usando una tabla güija. Louise nunca había bebido una cerveza ni fumado un cigarrillo ni consumido drogas, pero, a partir de ese momento, se adentraron en la vida nocturna de la ciudad, frecuentando bares y consumiendo alcohol, y llegaron a considerar la posibilidad de tener un matrimonio abierto.

Louise decidió renovar su aspecto: se cortó su largo cabello, lo tiñó de rojo y adoptó un maquillaje más llamativo.

Por esa época, la pareja también comenzó a realizar viajes a Las Vegas para apostar grandes sumas de dinero, mientras los hijos mayores cuidaban de los más pequeños. Su primera experiencia *swinger*, o de intercambio de pareja, fue en un hotel a seiscientos kilómetros de casa. Se citaron con un desconocido con el que habían contactado a través de internet. Cuando llegaron al hotel, Louise subió a la habitación y tuvo relaciones sexuales con el desconocido mientras se grababa en vídeo para que luego David, que estaba de acuerdo, pudiera verlo.

Los Turpin llevaban ahora una vida opulenta, pero a costa de acumular deudas que ascendían a miles de dólares en numerosas tarjetas de crédito. Llevaban a cabo todo tipo de excesos en sus escapadas a Las Vegas, como alojarse en el carísimo Caesars Palace o comprar sofisticados artículos de lujo que ni siquiera se molestaban en desenvolver. Louise no dejaba de alardear ante su familia acerca de su ostentoso estilo de vida y de cómo David se regalaba un nuevo Mustang cada año.

En el transcurso de tan solo dos meses del año 2009, Louise y David financiaron la compra de una furgoneta Ford Econoline y un Ford Focus, cuyo valor, en total, rozaba los 30.000 dólares.

Cuando Louise reapareció en la vida de sus hijos tras su abrupta «crisis de la mediana edad», asumió un papel dominante como maltratadora física. Siempre parecía irritada y sus hijos vivían en un estado de terror constante. Los confinaba en sus habitaciones, permitiéndoles salir solo para utilizar el baño, comer y cepillarse los dientes. El ejercicio físico estaba prohibido.

Pasaban unas veinte horas diarias en sus habitaciones. Se despertaban en torno a las once de la mañana y regresaban al dormitorio a las tres de la tarde. Durante el tiempo restante, permanecían durmiendo.

Recibían raciones mínimas de alimentos en horarios establecidos y no podían acceder a la televisión, la radio o los periódicos. Este aislamiento los mantenía en una total ignorancia acerca de lo que sucedía en el mundo exterior. No obstante, sus padres seguían alentándolos a escribir diarios personales.

## NEXT LEVEL EN EL *REALITY SHOW*

Poco después de instalarse en la nueva vivienda de Muir Woods Road, algunos objetos personales empezaron a desaparecer del dormitorio de los padres. Las hijas adolescentes, en plena exploración de su emergente feminidad, cogieron maquillaje de su madre y se probaron su vestuario.

Al ser descubiertas, el padre optó por encadenar a los doce hijos como medida correctiva. Años más tarde, Jennifer confesaría a un investigador que su padre justificó el acto alegando que encadenarlos a todos era el único método eficaz para corregir aquel comportamiento.

Los castigos eran cada vez más habituales. En otra ocasión, Jonathan, quizá el hijo más díscolo de todos, fue acusado de sustraer comida de la cocina. Como sanción, en principio, lo ataron con cuerdas, pero Jonathan logró liberarse mordiéndolas. Entonces, empezaron a encadenarlo a la estructura de la cama con candados. Pero logró soltarse una vez más, por lo que sus padres recurrieron a cadenas más gruesas y pesadas. En los siguientes seis años, Jonathan permaneció encadenado durante periodos que oscilaban entre varias semanas y meses, lo cual le provocó una lesión en la columna vertebral.

La madre podía volverse violenta si percibía cualquier desaire. Disciplinó a sus hijas arrastrándolas cogidas del pelo, literalmente, por la habitación. También simulaba estrangularlas, les daba golpes muy fuertes en la cabeza con los puños o las abofeteaba. En una ocasión, a Joanna, de siete años, la arrojó por un tramo de escaleras después de sorprenderla en su habitación, enfurecida por considerar que debía corregir semejante violación. A Joanna le dolieron el cuello y la espalda durante los días siguientes, pero nunca recibió atención médica.

De puertas afuera, nadie sospechaba nada. Incluso su actividad *online* transmitía una idea radicalmente diferente de lo que sucedía en aquella casa. Por ejemplo, a finales de 2010, David y Louise publicaron una foto en Facebook donde aparecían con sus doce hijos sonrientes. Todos estaban vestidos con camisas de color rojo brillante y sosteniendo sus diplomas de graduación de educación en casa.

En el colmo del cinismo, Louise compartió en Facebook una foto en la que ella y David posan frente al Castillo de Cenicienta en Disneyland. David, exhibiendo una sonrisa ingenua, viste una camiseta de Disneyland que proclama: «Los recuerdos más felices están aquí». Louise, con una sonrisa radiante, luce una camiseta roja con la imagen de Grumpy, uno de los siete enanitos. Sus hijos, sin embargo, en ese momento, estaban encerrados en casa.

Sí, Facebook era su forma de mantener una imagen paralela de «familia feliz» frente a los demás, tanto amigos como familiares. De hecho, en la imagen que subieron a su perfil, mostraban un tierno cruce de miradas. David y Louise empezaron a compartir una serie de imágenes seleccionadas con meticulosidad, como si formaran parte de un *reality show* o de una *sitcom*, o comedia de situación, del tipo *La tribu de los Brady*, *Enredos de familia*, *La casa de la pradera* o *Padres forzosos*.

El 17 de octubre de 2012, para celebrar el quincuagésimo primer cumpleaños de David, la pareja publicó en su cuenta conjunta de Facebook una fotografía de la reciente renovación de su boda en Las Vegas, posando con Kent Ripley, el imitador de Elvis.

Un año después, la salud de todos los niños de la familia Turpin se deterioró, quizá a causa de las precarias condiciones higiénicas en las que vivían. Sus padres, en un inusual gesto, los llevaron al Centro Médico de la Universidad de Loma Linda para recibir atención médica, algo que, al parecer, nunca habían hecho con anterioridad. Instruyeron a los niños acerca de lo que debían declarar ante los médicos, con el fin de evitar cualquier sospecha sobre su situación en el hogar. Una vez tratados, regresaron a su insalubre vivienda para que se recuperaran.

El 27 de junio, Louise creó en secreto una nueva cuenta de Facebook bajo su apellido de soltera, Louise Robinette. En la imagen del perfil, esta mujer de 45 años y madre de doce hijos aparece sorprendentemente juvenil, con un maquillaje excesivo y una sonrisa insinuante. Viste una camiseta de manga corta; por encima, una blusa de flores ceñida con varios botones desabrochados. Esta nueva imagen de Facebook contrastaba con la cuenta familiar que compartía con David, lo que alimentó los rumores de que podría estar usándola para conocer a otros hombres. Daba la impresión de que ya no se sentía satisfecha con el estilo de vida liberal que llevaba y aspiraba a iniciar una nueva etapa en solitario.

El lunes, 2 de septiembre, David y Louise volvieron a Las Vegas para celebrar una segunda ceremonia de renovación de votos matrimoniales en honor a su vigésimo octavo aniversario de boda, esta vez acompañados de sus doce hijos. Solicitaron que Kent Ripley oficiase la ceremonia, como ya lo había hecho en el pasado.

Ahora, con el cabello teñido de rojo, Louise lucía un nuevo y atrevido vestido de novia de satén blanco, con corpiño sin tirantes y falda larga adornada con volantes de tul brillante. David vestiría esmoquin y pajarita, complementados con una flor de color rosa en el ojal.

Sus nueve hijas, con edades que oscilaban entre los ocho y los veinticinco años, llevaban vestidos de tartán rosa hechos en casa, medias blancas y zapatos tipo Mary Jane, también en blanco. Los tres hijos, de edades entre nueve y veintiún años, portaban trajes oscuros un tanto holgados, camisa blanca y corbata roja. En el vídeo oficial de la celebración, todos los hermanos aparecen muy delgados, con ropa que claramente no les quedaba bien. Además, fueron bañados para viajar hasta Las Vegas, algo que no había sucedido en meses.

Los doce hermanos Turpin, vestidos de manera idéntica, entraron en el edificio en fila. David y sus hijos varones se encaminaron hacia la capilla, mientras que las nueve hijas se alineaban en la entrada posterior, seguidas de Louise. En su peculiar lógica, Louise y David quizá consideraron el vídeo de la boda como un aliciente para su proyecto de *reality show* televisivo, dado que todos los niños habían ensayado lo que debían hacer en cada momento.

Dos semanas después, David y Louise publicaron el vídeo oficial de renovación de su boda en Facebook, así como algunas fotografías de ellos y los niños con «Elvis». «Vi el vídeo de tu boda», comentó un amigo de Facebook. «Fue grandioso. Tus hijos se portan muy bien. Estoy muy orgulloso de vosotros, Louise y David. Tenéis una gran familia».

## AUMENTA LA PRESIÓN

David llamó a su hija Jordan a la sala de televisión del piso de arriba. Todos sus hermanos estaban en sus habitaciones y Louise estaba fuera de la casa. Él le hizo una seña para que fuera hasta el sillón reclinable en el que estaba sentado y, cuando se acercó, le bajó los pantalones y la sentó en su regazo. Pero, antes de que pudiera llegar más lejos, oyeron que Louise llegaba a casa y subía las escaleras. Jordan saltó del regazo de su padre y se subió los pantalones justo antes de que su madre entrara. Más tarde, David le ordenó que nunca le contara a nadie lo que había sucedido. En los años siguientes, David continuó con sus insinuaciones inapropiadas hacia su hija.

Por otro lado, como David trabajaba cada vez más horas, Louise era la única encargada de castigar a los niños. Los abofeteaba y golpeaba por la más mínima infracción de sus reglas, encadenando con regularidad, durante largos períodos de tiempo, a los «sospechosos» de robar comida y otras supuestas ofensas. Y siempre se aseguraba de que las pesadas cadenas de metal estuvieran bien atadas alrededor de sus muñecas para que no pudieran salirse, lo que les originaba grandes hematomas.

La madre animó a sus favoritos (Jennifer, Joshua, Julianne y Jeanetta) a espiar al resto de los hermanos, repartiendo regalos y otros incentivos como pago, quizá en un intento de fomentar la desconfianza entre los niños. De esta manera, se aseguraba de que no se coordinaran en su contra. Estos «monitores de pasillo», como ella los llamaba, eran los únicos a los que se les permitía salir de la casa para acompañar a mamá en sus viajes de compras y otras tareas.

También vigilaban la cocina las veinticuatro horas del día para evitar que sus hermanos hambrientos robaran comida o se colaran en el dormitorio de su madre. Más tarde, Jordan se referiría al cuarteto como «sus verdaderos hijos», ya que los trataban mucho mejor que a los demás. Joshua veía la televisión con sus padres y Jennifer incluso tenía cuentas de redes sociales en su teléfono móvil, antes de que se lo quitaran por haber descargado una aplicación que su madre no aprobaba.

En aquella casa, además, los hijos vivían confinados estratégicamente en distintas habitaciones. Las hermanas menores, Jordan, Julissa, Joanna y Jolinda, compartían un dormitorio. Las hermanas medianas, Julianne, Jeanetta, Joy y Jessica, compartían un segundo dormitorio. Janna dormía en el pasillo. El tercer dormitorio, al otro lado de la casa, lo compartían Jennifer, Joshua, Jonathan y James. Louise y David tenían el dormitorio principal.

Cada dormitorio tenía dos juegos de literas. Había candados en muchas de las camas para que un «sospechoso» pudiera ser encadenado como castigo.

A ninguno de los hermanos se le permitía salir de sus habitaciones sin el permiso de su madre o su padre. Las únicas otras habitaciones de la casa a las que se les dejaba entrar eran el baño y la cocina/comedor, cuando era su turno de comer.

Aunque el ejercicio estaba prohibido, Jordan caminaba de un lado a otro de su dormitorio durante varias horas, tratando de fortalecer sus músculos, como una condenada en una cárcel. Cuando no paseaba por su habitación, Jordan jugaba con sus muñecas Barbie y escribía canciones e historias en su diario.

Las únicas veces que todos los hermanos socializaban entre sí era cuando tanto la madre como el padre estaban fuera de casa. Entonces, podían escabullirse de sus habitaciones y hablar entre ellos. Había wifi y un teléfono fijo en la nueva casa, pero, entonces, estaban demasiado aterrorizados por su madre y su padre —así como por el abrumador mundo exterior— como para intentar escapar.

Louise se quedó embarazada de su decimotercer hijo. Anunció la noticia en Facebook, junto a una vieja foto de la familia en Disneylandia: «En 9 meses, tendremos un nuevo pequeño que agregar», escribió como pie de foto.

Jordan Turpin siguió entrenando. Estaba harta de la violencia y la degradación que había soportado toda su vida. Y, en su cabeza, con quince años, alumbró la posibilidad de poder escapar de aquella tiranía.

## LA LLAMADA

En el otoño de 2015, Monument Park se enfrentó a una plaga de mosquitos tras una tormenta torrencial que inundó las cuencas de retención que rodeaban las nuevas áreas urbanizadas. El problema con los mosquitos se intensificó hasta tal punto que, por temor al virus del Nilo Occidental —que ya había causado tres fallecimientos en el condado de Riverside—, los residentes optaron por mantener a sus hijos resguardados en casa. A comienzos de octubre, más de 75 personas asistieron a una reunión en el Ayuntamiento de Perris, exigiendo una solución. Los vecinos, exasperados, contaron sus experiencias con la plaga como si se tratase de un relato de terror extraído de una obra de Stephen King.

En contraposición, la casa de los Turpin era un foco de insalubridad y exhalaba un hedor insoportable. Los Turpin mantenían las persianas siempre cerradas para evitar que los vecinos pudieran observar a los niños encadenados en el interior del domicilio. A estos les estaba estrictamente prohibido abrir las persianas o mirar por las ventanas.

Jonathan, de 22 años y con una altura de 1,78 m, era quien más tiempo pasaba encadenado en comparación con sus hermanos. Le resultaba agónico permanecer atado a los barrotes de su litera superior durante meses seguidos, en especial, cuando se producían los frecuentes brotes de piojos en la casa. Le resultaba complicado tanto dormir como moverse. Tampoco podía quitarse los piojos ni rascarse la espalda.

Sin embargo, a ninguno de ellos, ni siquiera a Jonathan, se le pasaba por la cabeza la idea de escapar.

En diciembre de 2017, Joshua Turpin cedió su antiguo móvil a Jordan tras recibir un nuevo dispositivo como regalo de Navidad. Aunque con el teléfono no se podían hacer llamadas, permitía la conexión a la red wifi del hogar y, por ende, el acceso a internet. David y Louise confiaban tanto en que sus hijos estaban condicionados, que pensaban que nunca utilizarían esas herramientas como medio de escape.

Jordan, quien había adquirido cierta destreza en redes sociales gracias a Jennifer, empezó a crear diversas cuentas bajo el alias de Lacey Swan. Su foto del perfil era un autorretrato en el que aparecía maquillada y con los labios pintados.

El 19 de diciembre inauguró una cuenta en Twitter bajo el nombre de usuario @swan_lacey. Su primera acción en la plataforma fue retuitear una publicación de @smthnglikekites, quien se describe como motivador, *influencer* y músico. El mensaje decía: «No puedes permitir que otras personas te digan quién eres. Tienes que decidir eso por ti mismo». Sin embargo, la mayoría de sus retuits estaban relacionados con Justin Bieber, a quien seguía idolatrando. Jordan comenzó a seguir a 88 personas en Twitter, más de dos tercios de las cuales eran seguidores de Bieber. También retuiteó mensajes de activistas en pro de los derechos de los animales, incluido uno que se centraba en la protección de los elefantes.

Además de su actividad en Twitter, la joven también abrió una cuenta de Instagram y lanzó su propio canal de YouTube. En este último, empezó a publicar vídeos donde interpretaba canciones, grabadas en secreto en su habitación con la puerta cerrada.

—Hola, soy Lacey Swan —se presentó en un vídeo—. Esta es una canción que escribí: *¿Dónde está la llave?*

La canción hablaba de cómo encontrar la fuerza para escapar del horrible cautiverio que había soportado toda su vida. En el vídeo, Jordan viste un top negro y tiene su largo cabello recogido a un lado con una goma de pelo roja. Su voz aguda resuena mientras gesticula de manera salvaje.

Aquella canción surtió efecto. Fue como el discurso motivador de un entrenador de fútbol. El final épico de una película. Se convirtió en una especie de hechizo que realizó sobre sí misma.

Y sucedió.

En la madrugada del 14 de enero de 2018, Jordan Turpin, una adolescente de 17 años, logró escapar de su casa, ubicada en el número cien de Muir Woods Road, en Perris, y efectuó una llamada al 911 con un teléfono móvil. La joven declaró que sus doce hermanos se encontraban retenidos en casa por sus propios padres. Añadió, además, que algunos de ellos estaban encadenados.

Agentes del Departamento del Sheriff del Condado de Riverside llevaron a cabo un registro en la vivienda, bajo el pretexto de realizar un «control rutinario». Louise se mostró perpleja respecto a la razón de la presencia policial en su casa. Al entrar, los agentes se toparon con un ambiente insalubre: hedor a excrementos humanos, residuos en descomposición, animales domésticos muertos y alimentos con moho, todo ello en un espacio en el que cada superficie estaba repleta de basura.

Luego, encontraron a los otros doce niños. Uno de ellos había estado encadenado a una cama durante varias semanas y se evidenció que otros dos habían sido liberados poco antes de la llegada de la policía. Los menores presentaban moratones en los brazos y daban la impresión de estar desnutridos y tener mala salud. De hecho, los agentes, al principio, supusieron que todos tenían menos de dieciocho años, cuando, en realidad, siete de ellos eran ya adultos.

En la casa, también se descubrieron cientos de diarios escritos por los niños, en los que relataban sus experiencias de vida.

David y Louise fueron esposados y conducidos al Departamento de Policía de Perris para ser arrestados y procesados formalmente. En cuestión de minutos, llegaron agentes de los Servicios de Protección Infantil y de los Servicios de Protección de Adultos para cuidar de los niños. Más tarde, agentes del Departamento de Bomberos de Riverside.

Unos cuarenta y cinco minutos después de la llegada de la policía, los niños Turpin fueron evacuados de la casa uno a uno, vestidos con pijamas. Una de las hijas mayores sostenía en brazos a la bebé Janna. Desde la entrada de la vivienda, un agente les dirigió hacia una furgoneta policial. Uno de los niños, que había quedado rezagado, corrió para unirse al grupo.

Más tarde, los trasladaron a la comisaría de Perris, donde los agentes se esforzaron por que se sintieran cómodos. Un oficial salió a comprar comida, dado que los menores afirmaban tener hambre. Los médicos les administraron un tratamiento intravenoso de antibióticos, vitaminas y nutrientes. Además, les extrajeron muestras de sangre para verificar que todos eran hijos biológicos de David y Louise Turpin.

## CONSECUENCIAS

Michael Hestrin, fiscal de distrito del condado de Riverside, ofreció una conferencia de prensa para anunciar que se formularían setenta y cinco cargos penales graves contra David y Louise Turpin. De ser hallados culpables de todos los cargos, podían enfrentarse a una condena que oscilaría entre los noventa y cuatro años de prisión y la cadena perpetua.

Los Turpin recibieron doce acusaciones por tortura, doce por falso encarcelamiento, siete por abuso de un adulto dependiente y seis por abuso infantil. Además, David fue acusado de un cargo adicional por actos lascivos contra una menor de catorce años. En lugar de concederles la posibilidad de pagar fianza, que se había establecido en nueve millones de dólares para Louise y doce millones para David, ambos fueron conducidos a una prisión. Finalmente, fueron condenados a cadena perpetua con la posibilidad de establecer la libertad condicional después de cumplir 25 años. Sin embargo, los expertos sostienen que es muy poco probable que lleguen a obtener la libertad condicional debido a la severidad de los delitos, lo que, en efecto, se traduce en una condena a cadena perpetua.

Tras pasar dos meses en el hospital, los seis menores fueron repartidos en dos hogares de acogida. Los profesionales médicos trataron una variedad de problemas de salud, que incluían lesiones cardiacas por deficiencias nutricionales, deterioro cognitivo y neuropatía. El niño de doce años presentaba una circunferencia del brazo equiparable a la de un bebé de cuatro meses. Algunos mostraban evidencias de lagunas en conocimientos básicos del mundo y un vocabulario limitado; por ejemplo, no sabían qué era la «medicación» ni conocían cuál era la función de la policía.

En octubre de 2019, cinco de los menores fueron adoptados por una familia que resultó ser maltratadora y se vieron sometidos de nuevo a toda clase de tormentos. Los abusos denunciados incluían golpes en la cara con sandalias, tirones de cabello, azotes con un cinturón y golpes en la cabeza. Se les forzaba a comer en exceso, para luego obligarlos a ingerir su propio vómito. El padre adoptivo fue acusado de manosearlos y besarlos en la boca. Por fortuna, la familia de acogida fue detenida y se enfrentó a varios cargos por abusar de niños que estaban bajo su cuidado.

A principios de 2020, el fiscal de distrito adjunto del condado de Riverside informó de que los niños vivían de manera independiente, trabajaban e iban a la escuela, y que uno se había graduado de la universidad.

# ANÁLISIS DEL CASO

El caso de los Turpin es un ejemplo trágico y llevado al extremo de lo que puede ir mal en una familia. David y Louise Turpin, los padres, fueron poco a poco absorbidos por una espiral de decisiones erróneas, hasta acometer algo que iba en contra de lo que se espera en nuestra sociedad: maltratar y abusar de sus propios hijos. Es una de esas historias que te obligan a pensar en cómo es posible que algo así ocurra.

## ANÁLISIS DE LA SITUACIÓN FAMILIAR

David y Louise Turpin parecen haber actuado por una necesidad imperiosa de controlar y dominar a los demás, cuyo origen estaría en sus propias inseguridades, en traumas no superados o en un deseo enfermizo de sentirse poderosos y, a la vez, no vulnerables. La forma en que trataban a sus hijos demuestra una desconexión emocional muy seria, que quizá se deba a problemas de personalidad, como el trastorno antisocial o el narcisista. Estos problemas se detectan porque la persona no tiene empatía y tiende a manipular a los demás.

También hay que tener en cuenta factores externos, como seguir prácticas religiosas extremas, problemas económicos o sociales, o estar muy aislados.

Asimismo, es importante considerar la historia familiar. A menudo, se observa que los abusadores han sido ellos mismos víctimas de abuso o de negligencia durante su infancia. Si bien esto de ninguna manera justifica sus actos, puede arrojar luz sobre ciertos patrones de comportamiento y la perpetuación del ciclo de abuso en generaciones sucesivas.

## Análisis sobre David Turpin

David Turpin, como figura paterna dominante en el ámbito doméstico, ejerció un control estricto y perverso sobre su familia. La necesidad de dominar cada aspecto de la vida de sus hijos va más allá de una disciplina rígida y sugiriere una profunda inseguridad e incluso un trastorno de personalidad. Este deseo de control puede deberse a un intento de compensar sentimientos de vulnerabilidad o impotencia en otras áreas de su vida.

La vida de David no muestra grandes dramas o experiencias que puedan explicar por qué tuvo ese comportamiento perverso *a posteriori*. Era un hombre inteligente y exitoso en su trabajo, lo cual contrasta aún más con los actos de su vida privada. Es como si llevara una doble existencia: el trabajador estrella de día y el villano doméstico de noche. Esto hace que su reconversión en abusador sea difícil de entender y muestra lo complicado que es averiguar por qué alguien llega a cometer acciones tan perversas.

Un dato curioso es su relación con Louise, que era bastante más joven que él. Se fugaron juntos cuando David tenía 23 años y Louise solo dieciséis, lo cual ya recuerda el inicio de una película no tan romántica. A pesar del éxito profesional, la vida de David como esposo y padre fue cuesta abajo, en paralelo a su declaración de bancarrota en 2011 por una deuda de 240.000 dólares en gastos con tarjetas de crédito. Quizá esto indica que no era tan bueno gestionando sus finanzas como manejando su agenda de trabajo.

A lo largo de los años, David no parecía conectar mucho emocionalmente, ni con el mundo en general ni con sus propios hijos. Esto podría ser una señal de que tenía un trastorno antisocial de la personalidad, donde no sentir empatía y no entender el sufrimiento de los otros son factores típicos. Además, su capacidad para presentar una fachada de normalidad mientras cometía atrocidades en privado sugiere un nivel de manipulación y engaño, que a menudo, se aprecia en los individuos con rasgos sociopáticos o narcisistas.

La relación de David con su esposa, Louise, es muy relevante en su historia porque quizá influyó en que el abuso fuera a más. Aunque los dos fueron responsables de lo sucedido, en algunos casos, una pareja puede reforzar y amplificar el comportamiento del otro, creando así un ciclo de retroalimentación que se intensifica con el tiempo.

Las influencias externas, como las creencias religiosas extremas o los problemas sociales y económicos, también pudieron desempeñar un papel fundamental en la justificación de sus acciones.

La historia personal de David, incluyendo su infancia y desarrollo temprano, es en gran parte desconocida, pero no deja de ser un factor que tener en cuenta. A menudo, los abusadores han experimentado ellos mismos alguna forma de exceso o negligencia, lo que podría haber influido en sus propias prácticas parentales y en su comprensión del poder y el control.

En resumen, David Turpin, como figura central en este caso de abuso, reúne una compleja mezcla de necesidad de control y desconexión emocional, además de la posible influencia de su relación amorosa y su entorno. Su comportamiento, aunque extremo y desviado, sugiere una psicología profundamente afectada por una serie de factores personales y contextuales.

## Análisis sobre Louise Turpin

Louise, al igual que David, desempeñó un papel relevante en el abuso prolongado y severo de sus hijos. Sin embargo, la naturaleza de su participación y sus motivaciones pueden haber sido distintas debido a su función en la dinámica familiar y en la relación con su esposo. A menudo, en casos de abuso doméstico, en especial, aquellos que involucran a una pareja, uno de los miembros puede adoptar un rol más dominante, mientras que la otra persona actúa de una forma más sumisa o facilitadora.

Louise Anna Turpin creció en un hogar muy religioso y también era la hija de un predicador. Su vida temprana estuvo marcada por el trauma. Según su hermana, en casa también sufrían abusos, lo que sugiere que el comportamiento de Louise hacia sus propios hijos podría haberse originado en su infancia. Esta afirmación se ve reforzada por el hecho de que Louise no asistió a los funerales de sus padres en 2016, lo que indicaría una relación tensa o distante con ellos.

Louise ha intentado explicar su comportamiento a través de su propia historia de abuso infantil. En encuentros con su hermana, Elizabeth Flores, Louise, al principio, lo negó todo, pero luego insinuó la verdad y, finalmente, atribuyó lo sucedido a lo que vivió en su propia casa. Según Flores, tanto ella como Louise sufrieron abusos sexuales en su infancia. Flores señaló que Louise estuvo menos tiempo expuesta a los abusos de su padre, ya que se casó joven y se marchó, pero puso énfasis en que eso no excusaba el abuso que ejerció contra sus propios hijos.

En el caso de Louise, a la hora de justificar el abuso, podría decirse que tenía sus propias ideas, diferentes a las de David, y tal vez distorsionadas, sobre lo que significaba proteger a sus hijos o cómo deberían ser los roles dentro de una familia.

En cuanto a la relación de Louise con David, podría parecer que había una especie de dependencia mutua. Sin embargo, Louise habría actuado para complacer o apoyar a su marido, lo cual sería una señal de manipulación o control por parte del socio dominante.

Además, la forma en que Louise trataba a sus hijos, aunque era igualmente abusiva, puede haber tenido sus propias características únicas. No se trataba solo de un abuso físico o emocional, sino también de una compleja interacción de factores psicológicos y dinámicas de poder en el hogar.

En resumen, mientras Louise compartía la responsabilidad del abuso con David, los factores que motivaron sus acciones y la naturaleza de su participación en estos crímenes pueden haber sido distintos. Este hecho estaría influenciado por su particular relación con David, su rol dentro de la familia y sus propias experiencias y percepciones personales. Entender estos matices es clave para comprender la totalidad del caso y cómo cada uno de ellos contribuyó a la trágica situación de su hogar.

## Diferencias clave entre Louise y David Turpin

- **Dinámica de poder en la relación:** Louise podría haber tenido un papel más reactivo o facilitador en la dinámica de abuso, en comparación con el papel más activo y controlador que parece haber tenido David.
- **Influencia mutua y codependencia:** David parecía ser el que mandaba en la relación, pero, por otro lado, Louise habría estado más atrapada en una dinámica de codependencia, sintiendo la necesidad de contentar y apoyar siempre a su esposo. Esta situación sugiere que, aunque David tuviera el control aparente, la influencia de Louise y su deseo de agradar a su pareja también jugaban un papel fundamental en su relación mutua.
- **Racionalización del abuso:** las razones que tenía Louise en su mente para justificar el abuso quizá fueron diferentes de las de David. Tal vez ella tenía una idea equivocada sobre lo que significa proteger a sus hijos o sobre cómo debería actuar una madre en la

> familia. Mientras David parecía impulsado por una necesidad de control y posibles problemas de personalidad, Louise quizá se guiaba por una comprensión errónea de lo que se espera de una madre y su papel en la familia. Estas diferencias en sus justificaciones internas muestran cómo cada uno de ellos pudo haber visto y abordado la situación de una forma única, lo que influyó en sus acciones.

Básicamente, los abusadores a menudo se autoconvencen de que lo que hacen está bien o incluso es necesario. Es posible que estos padres no vieran a sus hijos como personas con sus propias necesidades y derechos, sino más bien como una prolongación de ellos mismos o como cosas que podían controlar a su antojo. Dado que ambos crecieron con figuras de apego problemáticas, quizá nunca aprendieron a tener relaciones saludables y eso se lo fueron transmitiendo a sus hijos. Además, los estilos de apego inseguros pueden llevar a no entender ni sentir la empatía, porque quienes los padecen no saben cómo es una relación saludable y segura.

David Finkelhor, profesor de sociología y director del Centro de Investigación sobre Crímenes contra Niños de la Universidad de New Hampshire, ve otros dos perfiles diagnósticos que podrían adaptarse a los padres: estados delirantes o paranoicos, que pueden conducir a todo tipo de conductas irracionales o abusivas.

Una personalidad histriónica, unida a una ideología mezclada con profundas creencias religiosas, sería otro factor desencadenante. Los padres pueden decirse a sí mismos que están protegiendo a sus hijos de la corrupción de una sociedad terrible o que los niños son malvados y necesitan ser castigados o llamados al orden.

## ANÁLISIS DE LAS VÍCTIMAS

Cuando a un niño se le priva de su entorno y lo único que conoce es la autoridad despótica de sus padres, vive, a efectos prácticos, como un animal deprimido, incapaz de tomar las riendas de su destino, incapaz de replicar, incapaz de rebelarse. Sencillamente, porque no conoce nada mejor. Porque cree que no merece nada mejor.

Por consiguiente, hay una serie de factores que favorece esta clase de situaciones límite del maltrato intrafamiliar:

1. **Aislamiento social:** la familia Turpin estaba muy aislada de su comunidad. Este aislamiento social es una táctica común utilizada por los abusadores para evitar la detección y minimizar el riesgo de intervención externa.
2. **Control del conocimiento:** los niños estaban aislados hasta el punto de no conocer conceptos básicos del mundo exterior. Este tipo de control se suma a la capacidad del abusador para mantener el *statu quo*.
3. **Sistema familiar cerrado:** un elemento crucial del abuso, en este caso, es el sistema familiar cerrado y autoritario, donde las normas familiares son establecidas y controladas estrictamente por los padres.

4. **Desinhibición situacional:** la falta de escrutinio externo puede haber contribuido a una forma de desinhibición en los padres, quienes quizá percibieron que las reglas sociales convencionales no eran aplicables a ellos.
5. **Anomia social:** los individuos que cometen tales actos a menudo viven en una especie de «vacío normativo», donde las normas sociales están ausentes o son del todo idiosincrásicas.

En el caso concreto de los hijos de la familia Turpin, podemos encontrar rasgos característicos, tales como una gran resiliencia. A pesar de unas circunstancias tan adversas, muchos de los hijos mostraron una notable resiliencia. Su capacidad para adaptarse y sobrevivir en aquellas condiciones habla de su fortaleza interna.

En lo que se refiere a la recuperación, las víctimas se enfrentaron a un largo camino. El trauma prolongado puede provocar trastornos diversos, como el de estrés postraumático (TEPT), ansiedad, depresión y problemas de confianza y apego. El aislamiento y la negligencia afectaron al desarrollo físico, intelectual y emocional de los niños y niñas. La rehabilitación requeriría no solo atención médica, sino también apoyo educativo y psicológico.

## ANÁLISIS SOCIOLÓGICO

La familia se encontraba sumergida en un aislamiento social profundo, sin apenas conexión con el exterior, lo que generó un ambiente propicio para que los malos tratos continuaran sin ser advertidos por los vecinos, los amigos o, incluso, los servicios sociales. Este contexto se intensificó por la decisión de educar a los hijos en casa, lo que, al carecer del seguimiento habitual de las autoridades educativas, contribuyó a que las conductas nocivas permanecieran encubiertas y sin fiscalización.

En el corazón de la dinámica familiar, residía una distribución de poder desequilibrada: un padre autoritario frente a una madre complaciente, reflejando una estructura de dominio clásica que quizá facilitó y mantuvo la situación de maltrato. A esto se añadía la dimensión de las creencias religiosas de la familia Turpin, que, de ser extremas o interpretadas erróneamente, podrían haber sido usadas para justificar o disfrazar los malos tratos como parte de sus costumbres o convicciones personales.

El tabú asociado a la violencia doméstica y la reticencia generalizada a inmiscuirse en asuntos familiares acaso llevaron a una negación colectiva de la situación, tanto dentro de la familia como en su entorno. Este efecto fue exacerbado por la falta aparente de acceso a recursos de apoyo y educativos para los Turpin, sumado a un posible desconocimiento sobre cómo solicitar ayuda, lo que permitió que la situación se prolongara sin ser abordada de manera efectiva.

Estos elementos sociológicos, en su conjunto, tejieron un entramado en el cual los maltratos en la familia Turpin pudieron persistir a lo largo de los años, ocultos a la vista de las autoridades o la comunidad. Esta situación pone en evidencia la importancia crítica de la vigilancia y el respaldo comunitario para la prevención y detección temprana de situaciones de violencia doméstica. La colaboración y la conciencia social se presentan como herramientas fundamentales para romper el ciclo de violencia y garantizar la seguridad y el bienestar de los miembros más vulnerables de nuestra sociedad.

En el cine y la televisión, el tema de familias disfuncionales, donde los padres abusan de sus hijos —en su intento retorcido y hipervigilante de protegerlos del mundo exterior o bajo la creencia de que merecen castigo—, se explora de manera profunda y, a menudo, perturbadora. Películas como *El señor de las moscas* (1963), *Canino* (2009), *Camino* (2008), *The Act* (2019), *Captain Fantastic* (2016) o *El bosque* (2004) abordan diversas variantes de esta dinámica tóxica en la que los niños quedan aislados y sin referencias del mundo exterior.

Cada una de estas obras presenta una lente única a través de la cual se examinan los peligros y las consecuencias psicológicas de criar hijos en entornos cerrados y controladores, ofreciendo así una poderosa reflexión social y psicológica sobre las complejidades del apego parental y el abuso.

# Conclusión

No puedo quitarme de la cabeza las imágenes y los relatos de este caso. ¿Cómo es posible que unos padres, que deberían ser protectores y cuidadores, se conviertan en verdugos de sus propios hijos? Es algo que revuelve el estómago y desafía toda lógica.

Cada vez que pienso en esos niños, mi corazón se encoge. Ellos confiaban ciegamente en sus padres, esperaban amor y seguridad, pero, en lugar de eso, encontraron un infierno en su propio hogar. Me pregunto qué falla en estos casos, qué oscuros recovecos de la mente humana pueden llevar a alguien a causar tanto daño a quienes más deberían amar.

En el análisis que acabo de hacer, he intentado buscar las causas de un comportamiento tan abyecto, pero, aun así, me cuesta comprender que casos como este sigan sucediendo.

Solo queda la esperanza de que esos niños y niñas, ahora a salvo, puedan encontrar paz y amor verdadero en el futuro. Y para nosotros, los que lo vemos desde fuera, nos queda la lección de que no podemos mirar para otro lado cuando apreciemos señales de abuso y, menos, contra los que más nos necesitan.

# EPÍLOGO

Miro el reloj virtual de mi escritorio y compruebo que son casi las cuatro de la madrugada. Mi cabeza no para de dar vueltas, analizando todo lo que he escrito hasta ahora. Y aquí estamos, tú y yo, en las últimas páginas de este libro. Hemos recorrido juntos un camino oscuro y sinuoso, adentrándonos en las profundidades de la criminología y desentrañando ocho casos de asesinos en masa. Estoy casi seguro de que la huella que han dejado en tu mente es tan marcada como la que han dejado en la mía. Explorar cada historia, cada fragmento de realidad, ha sido como sumergirse en aguas profundas para intentar comprender lo incomprensible.

Hablar del mal... es como intentar capturar una sombra con las manos. Cambia de forma, de tamaño, pero siempre está ahí, a la vuelta de la esquina, en el rincón más escondido de nuestra sociedad. Es como ese susurro en una habitación vacía, que produce una sensación de que algo no está del todo bien. A veces, mientras escribía estas páginas, me preguntaba: ¿Será que nosotros, como seres humanos, hemos creado la idea del mal para ponerle nombre a lo que nos aterra y desafía nuestro sentido de lo correcto y justo? ¿O será que el mal es algo más palpable, una entidad que vive y respira entre nosotros, un ente que se retuerce y se mueve en la penumbra, que espera su momento para surgir?

Esta exploración de la maldad en sus múltiples formas es como intentar describir un color que nunca antes has visto. Sabes que está allí, lo sientes, pero las palabras no son suficientes para capturarlo en su totalidad. Cada caso que hemos examinado es como una pieza de un rompecabezas gigantesco, a cuál más compleja y perturbadora que la anterior. Y a medida que vamos completándolo, nos damos cuenta de que este rompecabezas quizá no tenga una imagen final clara o una solución definitiva.

El mal, entonces, se convierte en un concepto que desafía nuestra comprensión, que se escabulle entre definiciones y teorías. Es un recordatorio constante de que, en el vasto y complicado espectro de la experiencia humana, hay aspectos que quizá nunca lleguemos a comprender del todo. Pero esto es, precisamente, lo más fascinante de ese camino, el impulso que nos lleva a seguir buscando respuestas, a seguir indagando en los misterios más ocultos de nuestra naturaleza.

Al repasar cada caso que hemos explorado, desde el enigmático y turbulento mundo de las hermanas Papin hasta el horror de la masacre de Dnipró, hay un patrón que emerge y acecha detrás de cada historia: la psicopatía. Esta bestia silenciosa teje una red que conecta asesinatos tan distintos y distantes en el tiempo y en el espacio. Es como descubrir una huella dactilar que se halla oculta en escenas de crimen separadas por años y kilómetros, una firma inadvertida pero inequívoca.

La psicopatía no se presenta anunciando con estruendo su llegada, sino más bien como un susurro siniestro, un viento frío que sientes pero no siempre ves. En cada caso, desde los crímenes impulsivos y desorganizados hasta los actos que fueron planeados con meticulosidad, la psicopatía se manifiesta de formas muy variadas pero impactantes. Es un recordatorio escalofriante de que, aunque las circunstancias y las motivaciones pueden variar enormemente, hay hilos comunes en el tejido del mal.

Este descubrimiento de patrones es algo que, a pesar de su naturaleza perturbadora, ofrece un rayo de esperanza en nuestra lucha por comprender lo incomprensible. Al identificar estos patrones, al reconocer la psicopatía no como un fenómeno aislado sino como un elemento recurrente en estos actos extremos, nos acercamos un poco más a entender no solo el «cómo», sino también el «porqué». Es un paso hacia la desmitificación de estos actos atroces, un paso hacia la prevención e incluso la intervención.

Pero, a su vez, esta constante reaparición de la psicopatía en casos tan diferentes nos lleva a una reflexión más profunda y, en cierto modo, inquietante. Hace que nos preguntemos sobre la naturaleza de la maldad humana y hasta qué punto la psicopatía es una manifestación de esta maldad o simplemente un síntoma de algo más profundo y enraizado en la psique humana. Los psicópatas, con su mezcla de encanto superficial y falta de empatía, se convierten en una lente a través de la cual vemos reflejado lo más insondable de la condición humana.

Así, mientras cerramos el capítulo de cada caso, nos quedamos con la inquietante sensación de que hemos mirado directamente a los ojos de esa bestia silenciosa. Y en esos ojos hemos visto algo que, aunque nos perturba, también nos intriga y nos impulsa a seguir buscando, a seguir preguntando, a seguir tratando de entender los rincones más oscuros del alma.

## PRINCIPIO DEL FORMULARIO

Reflexionando sobre estos casos, me he encontrado en un laberinto de pensamientos, especialmente al intentar discernir dónde termina la enfermedad mental y dónde comienza la pura maldad. Es una línea tan delgada, tan borrosa, que a veces parece desvanecerse ante nuestros ojos. En algunos casos, como el de James Bulger o la masacre de Akihabara, te preguntas si estamos ante mentes trastornadas por enfermedades no comprendidas o si, por el contrario, estamos presenciando la manifestación de una maldad intrínseca, algo que se ha roto en el núcleo de un ser humano.

A esa cuestión le he dado vueltas y más vueltas, intentando encontrar alguna especie de verdad universal que pueda aplicarse. Pero la realidad es esquiva. En cada historia, en cada archivo del caso, vemos indicios de trastornos mentales, de vidas fracturadas por circunstancias y experiencias. Sin embargo, también hay momentos en que esos mismos elementos parecen dar paso a algo más oscuro, algo que no puede ser explicado solo por la enfermedad mental. Es como si estuviéramos intentando leer un libro cuyas páginas están en constante cambio.

Y, hablando del impacto del mal, lo que más duele, lo que realmente se queda contigo, es ver que puede destruir las relaciones más sagradas, como los vínculos familiares. Casos como el de la familia Turpin son un testimonio desgarrador de esto. Aquí, en el hogar, que debería ser el santuario más seguro, se manifestó el mal de la forma más vil y traicionera. Este tipo de casos son un recordatorio brutal y doloroso de que el mal no siempre viene de fuera. A veces, nace y crece en los lugares donde menos lo esperarías, en los espacios que deberían estar reservados para el amor y el cuidado.

Este entendimiento me ha dejado una sensación de pesar y una perspectiva profundamente alterada sobre la naturaleza humana. Ver cómo el mal puede corromper los lazos familiares, cómo puede torcer el amor en algo irreconocible, es tanto una llamada de atención como una advertencia. Nos enseña que debemos estar siempre alerta, no solo a las influencias externas, sino también a las sombras que pueden crecer dentro de nuestros propios hogares, en nuestros propios corazones.

Mientras me sumergía en las profundidades de estos casos, me vi transportado de vuelta a mis años de universidad, a aquellos días en los que (casi) cada asignatura de psicología era un mundo de descubrimientos y asombros. Recuerdo la primera vez que abrí un libro sobre psicopatología, cómo me cautivó el complejo laberinto de la psique, esa mezcla de ciencia y misterio. Estudiando estos casos he vuelto a sentir esa misma fascinación, esa misma sed de entender lo que se esconde en nuestra mente.

Cada capítulo de este libro ha supuesto desenterrar una parte de aquel estudiante de diecinueve años llamado Jordi, y he recordado por qué elegí adentrarme en este mundo de misterios. Ha sido un recordatorio de la importancia de seguir preguntando, de seguir buscando respuestas, incluso cuando las preguntas son difíciles y las respuestas, más esquivas de lo que nos gustaría.

Espero sinceramente que este libro haya sido para ti más que una simple lectura. Ojalá te haya invitado a pensar, a cuestionar e incluso a ver el mundo desde una perspectiva diferente. Si al cerrarlo te encuentras reflexionando sobre las historias que he compartido contigo, entonces habré cumplido mi objetivo.

Y si te has quedado con ganas de más, con esa llama de curiosidad encendida, voy a darte buenas noticias. Ya tengo la mente puesta en una segunda entrega. Hay tantas historias sin contar, tantas sombras en la vastedad de la conducta humana que esperan ser exploradas... Este libro es solo la primera incursión en un viaje que, creo, apenas está comenzando.

Así que, mientras nos despedimos de este volumen, no lo veas como un adiós, sino como un hasta luego. Yo, con la pluma en la mano, estoy listo para seguir guiándote a través de los laberintos de la mente humana, para descubrir juntos lo que se esconde en las sombras.

Para terminar, te dejo con un consejo de amigo: mantén los ojos bien abiertos. Nunca sabes quién puede estar al acecho en las sombras.

Se despide (y se va a dormir),

Jordi Wild

# BIOGRAFÍA

Jordi Wild (Manresa, 1984), youtuber, podcaster, actor y licenciado en Psicología, es conocido por ser uno de los creadores de contenido más originales, completos y con mayor número de seguidores del panorama actual. Su canal *El Rincón de Giorgio* suma millones de suscriptores, y su pódcast *The Wild Project* se ha convertido en el más escuchado del mundo en español, además de haber ganado varios premios en los últimos años, entre ellos dos ESLAND en 2022 y 2023 al mejor *talk show*. También es el fundador de Dogfight Wild Tournament, uno de los mejores eventos de combate underground en la actualidad. Su último libro, *Así es la puta vida*, ha sido un best seller absoluto.